「女性」の目覚め

内なる言葉が語るとき

Awakening Woman

クォールズ-コルベット
Nancy Qualls-Corbett
マクマキン
Leila McMackin
著

山　愛美
Megumi Yama
岸本寛史
Norifumi Kishimoto
訳

新曜社

日本語版への序文

夢という小さな隠された扉は、魂の、最深の、秘密の奥底にある。その扉を開けると、宇宙の夜が、自我 - 意識が生まれるはるか以前の心が、ある。そして私たちの自我 - 意識がどれほど広がろうとも、その部分は心の中に残っている。

C.G.Jung,"The Meaning of Psychology for Modern Man," *Civilization in Transition*. C.W.10, para.304.

何年も前、チューリッヒに住んでいた頃、私は一人の老紳士と親しくなって一緒によく屋外のカフェで、コーヒーとクリームたっぷりのスイスのケーキを楽しんだものでした。ある日彼は尋ねました。自分の国〔アメリカ〕からこんなに遠くまでやって来て長く滞在するなんて、ユング心理学の研究で何がそんなに大事なのですか、と。説明してはみたものの、なかなかうまくできなかったように思うのですが、ジョセフ〔老紳士〕はその意味を即座に摑みました。彼は静かな口調で、「ええ、分かりますよ。あなたは人が魂と仲良くなるのを助けるのですね」と答えました。賢明な彼の言葉が、この日の記念として響きました。

本書は、夢という隠された扉を通った、ある一人の女性の内界への旅について語っています。この仕事をしながら、彼女は自分の魂が住まう暗い深奥にたどり着くことができました。そうして、彼女は自分の魂と仲良くなれたのです。

人間の心には限られた範囲などなく、〔心は〕あらゆる境界を越え、あらゆる時空間を超えます。心は、個々の人間の意識を越えて移動するのです。それは、生きるものを結びつけ、つなぐ力なのです。それゆえに、はるか昔のあらゆる文化からの似たような元型的モティーフの体験を〔私たちが〕することも珍しいことではありません。神話の物語では、ヒーローやヒロイン、龍や悪魔たちが、同じような相互作用をしているのを見出せます。私たちの夢もまた、シンボルという形で、同じ普遍的なイメージを運んできてくれます。エスキモー〔イヌイット〕の女性もアフリカの部族の女性も、似たような元型のイメージを持ちます。私たちが夢の中で出会う人物は、神話のヒーローやヒロイン、龍や悪魔とさほど異なっているわけではありません。私たちは夢のイメージから、個人の神話を見つけるのです。それらは、私たちの無意識の中に眠っている、気づかれざる自分自身の側面なのです。夢を、自分の生きられていない生からニュースを運んできてくれる「メッセンジャー」として捉えることができます。

生理的な感覚や情動的な感情を通して体が体験した外界の出来事のことは、誰も疑いません。私たちはそれらの出来事のことを「リアリティ」と呼びます。それにもかかわらず、私たちは内界のリアリティ、つまり私たちの心的生活を受け入れるのには懐疑的になります。私たちが内的生活のリアリティに達するのは、夢を通してなのです。私たちの夢は、私たちの全存在、私たちの魂が込められた存在を成り立たせている、知られざる側面に生をもたらしてくれるのです。

私たちは、夢を分析したり、その中に内在する象徴的な意味を理解することに慣れていないと感じるかもしれないけれど、その隠れた扉を見つけて開いておくことが重要なのです。夢のイメージとのつながりを保ち、夢を記録し、一人きりのときに夢の登場人物と喋ったり、夢の絵を描いてみたり、あるいは何らかのやり方で表現してみたりすれば、心的生活、つまり内的現実に敬意を払うことになるのです。このようにして、私たちは自分の魂と友達になる、あるいはユング博士の表現によれば、これこそが個性化の道なのです。

ナンシー・クォールルズ - コルベット

二〇〇三年七月

訳者まえがき

私は、一人でも多くの女性にこの本を読んでもらいたいと思っています。そしてまた、男性にも読んでほしいと思うのです。

本書に著されているのは、レイラ〔仮名〕というアメリカ南部出身の女性と、ユング派の分析家ナンシー・クォールズ - コルベットの二人によって紡ぎ出された、女性が〝女性性の本質〟を取り戻していく物語、夢と語りを軸にして展開する物語といってよいでしょう。〝女性性の本質〟を取り戻す。なんだか嬉しくなるような言葉です。ところが実際これをやり抜くのは、なかなか大変な仕事なのです。

私は、女性や子どもたちこそが世界を変えていくのではないかと考えています。それは必ずしも、女性が正しくて男性が間違っているとか、女性が優れていて男性が劣っているといったようなことではありません。むしろ、私たちの心の中の「女性」「男性」「子ども」と考えた方がよいでしょう。

男性たちの多くは、社会という名の、既成の構造の中に居場所を確保することでずいぶん守られ——

昨今はそれを確保すること自体も難しくなってきていますし、もちろんこれが束縛になることもあるのですが――、社会的な顔（ペルソナ）だけでも、ある程度は、生きていけるように思います。ところが女性の場合は、社会で仕事をしているか否かに関わらず、もう少し生身の人間として生きざるを得ないところがあるように思うのです。だからこそ女性たちは、社会という覆いの下に潜む何かに、心の深いところで気づいているように思えるのです。ただ残念ながら、それについて充分に意識的に理解されることは稀で、一人の女性の心の問題や、家族の問題として現れていることも多いように見受けられます。もちろん、文学や絵画などさまざまな表現形態を通して伝えようとしている方もおられますが。

実のところ、その何かとは、性、暴力、死、宗教（性）などの、人間にとって根源的なテーマ――これらの共通点は、人間にとって如何ともしがたい、本来ひれ伏すしかないような存在と関わっていることでしょう――を根底にもつもので、長い年月の中で、それぞれの文化のもつ特徴に色づけされながらさまざまな要素が絡まり合って成り立って来たものです。例えば、今日盛んに取り沙汰されている、世間を震撼させるような子どもたちの事件は、この何かが目に見える一つの現象として形になって現れてきているもののように思えますし、さまざまな社会現象や問題といわれているようなことも、この何かと繋がっているように思えるのです。

それでは私たちはいったいどうすればよいのでしょうか。

私は、女性が自分の〝言葉〟を持つことが重要なのではないかと思っています。それは、男性たちの言葉とは違う、内からの言葉。身体を通しての言葉。語る勇気を与えてやらないと、すぐにかき消されてしまうような声。とはいえ、ただ感情に任せて迸るままに語ればよいというのではないし、何でも露わにしさえすればよいというのでもない。厳然たる、時には冷たい眼差しでしっかりと見つめながら、語ることが大切だと思うのです。心理臨床に携わりながら、また造形という創造的営みにエネルギーを注ぐ人たちを見ながら、私自身ずっとこのようなことを考えてきました。

本書を読んでいただければ、このような心の仕事が苦難に満ちたものであり、痛みを伴うものでありながら――本人にとってはもちろんのこと、周りの人々にとっても――、それによってもたらされるのは、何ものにも替えがたい至宝であることがきっと伝わってくるでしょう。

もちろんこれは女性だけの物語ではありません。女性には自分の心の中の「女」や「男」、男性にも自分の心の中の「男」や「女」のことを考え、自分自身と向き合いながら読んでいただければと思います。

霊‐肉、聖‐性、天上‐大地などの一見対立する概念をつなぐ垂直軸の存在が、読者の方々の心の中に見出されるきっかけになることを、訳者の一人として祈りながら……。

山 愛美

目次

「女性」の目覚め

——内なる言葉が語るとき

装丁　上野かおる

序章

私たち一人一人の中には、見知らぬ他人がいる。〝彼女〟が夢の中で私たちに話しかけるのを聞けば、〝彼女〟は、いかに私たちとは違った見方で自分自身を見ているかが分かる。だからこそ、解決策がないような難しい状況に陥ってしまった時にも、〝彼女〟は、自分の生き方を——その難しい状況を生み出す元となっているまさにその生き方を、根本から変えるような灯りをともすことができるのだ(1)。

本書では、ある女性の意識が育つ物語と、彼女が知るに至った女性性の多岐に及ぶ諸相とが語られる。彼女が夢に導かれてこの新しい意識と内的な強さをもつようになった道のりが述べられる。それを神秘だという人がいるかもしれない。そこには、元型的イメージという形をとりながら無意識から整然と立ち現れてくる、暗示的で謎めいた手掛かりが解き明かされる様子が述べられているから。夢の素材に見出される象徴は、意識的な生活の中で役割を否定されてきた、人生のさまざまな側面を明らかにする道案内的要素であった。

これはまた、女性の性の物語でもある。この女性が、自分の文化、家族そして宗教の中で体験した抑圧について述べている。いずれも、立派な女性はかくある「べき」というのを暗に示す。しかし彼女の夢の中から、新しいイメージが姿を現した。——黒髪の女性がそれである。このイメージによって、人生の大半は彼女の中で眠ったままになっていた豊かな女性性との繋がりを回復することができた。

実のところ、彼女の物語を本という形にしてくれたのは、この女性と私自身——被分析者と分析家——が見た夢だった。レイラ、彼女のことをこう呼ぶつもりだが——そして、その名前自体が「黒髪の女性」という意味である——は、分析を始めて数年後に、次のような夢を見た。

私は広い開放的な部屋で、分析家の向かい側に座っていた。そこから離れたところに、三人の従姉妹〔実際には私と瓜二つだった〕が、半円になって座っていた。分析家は、私に夢を話すように言う。その女性たちも知っていなければならないからと。私が断ると、彼はきっぱりとした口調で『夢を話さないなら、司祭は来られない』と言った。

私は話そうと決心し、次のように言った。『私は何かの研究所のようなところにいます。女性が大きなフラスコの中に入って、煮え立つ湯の中で浮いているのが見えます。彼女はマリリン・モンローを漫画にしたような姿で、プラチナブロンド〔白金色〕の髪のかつらを被り、鮮やかな赤の頬紅と口紅をさしています。一人の男性が彼女の血を抜き取り、代わりに空気を入れます。彼女は死なずに生かされたままなのですが、水中にいるので膨張します。力強い声が言います。「それは彼女が一歳のときから始まっている。考慮されていなかったのは、心psycheは時に浮かび上がり〔息継ぎをして〕自らを守っている、ということだ」と』。

夢の中で語られている夢では、グロテスクに浮かんでいる女性が、気の違った科学者が調合して作り出した、いわば「試験管」で作り出した女性であるかのように述べられている。そしてそう、これこそ、あらゆる年代の多くの女性たちが、「一歳」の時から感化されているイメージなのである。夢見手は、この歪んだイメージを他の女性たちに教えるよう指示される。レイラは、その三人の女性のことを、可愛らしく、社交的で、魅力的であるためだけに生きているようだと評した。――彼女も同じ価値体系を受け継いでいた。主観的なレベルでは、レイラは、彼女が無意識に育てていたぞっとするようなイメージに驚愕した。しかしながら、自己制御的な心 psyche のプロセスは健康的で、働いている（自らを守っている）ことがわかったので幾分ほっとした。

客観的なレヴェルで、彼女が、不自然に化粧して膨張した模造人間のことを他の人々に伝える必要があるということは、何を意味していたのだろうか。それを伝えれば、集合的な考えに固く縛られた女性たちもまた、心の中でそれを認識できるようになるのだろうか。夢の中の分析家が言ったように、このことが起こらない限り「司祭は来られない」――つまり、彼女や他の女性の霊的 spiritual な理解（意識）が生じ得ない――ということなのだろうか。「告げる」とはどの程度具体的でなければならないのか。まるで挑戦状を手渡されたようだったけれど、当時のレイラは、それに答えることはできなかった。

一ヵ月くらい後に、私は自分の書いた『女性の目覚め A Woman's Awakening』というタイトルの本を手に持っている夢を見た。その翌日、夢のことは思い出さなかったが、レイラのイメージがずっと浮かんで来て、何か悲しい不幸が彼女を襲っているのではないかと思うほどだった。このようなことは私には珍しかった。そして一瞬、その夢が意識に突然現れ、『女性の目覚め』はレイラと彼女の分析に関係があるとわかった。「その本」というのはどのくらい具体的なことをいっているのだろうか、あるいは分析過程の象徴以上のことを指しているのだろうか。

確かにレイラは、心《psyche》の昏睡状態から目覚めつつある女性だった。しかし、私の意識はすでにこのことを知っていた。なぜ無意識が、わざわざこのことを持ち出して来たのだろうか。以前本屋でこのようなタイトルを見たことがあって、潜在意識の中に留めていただけなのだろうか。そのイメージを、「私の仕事」の比喩と受け取るべきなのか、あるいは実際の本だと受け取るべきなのか。これらの疑問の答えは見つからなかったものの、心に引っかかっていた。

二ヵ月後、大晦日の日にレイラは以下のような夢を見た。

> 夫と私は、結婚一年目に知り合った夫婦を訪問している。見知らぬ女性が、私に背を向けて、ぎゅうぎゅうと押しながら、私の椅子に一緒に腰をかける。彼女は振り返って私に顔を向けたが、これまで見たことがないような目をしていた。一方〔の目〕は上を向き、もう一方〔の目〕は下を向いていた。彼女は私に自分の神秘の物語を書きなさいと告げた。いつも寝たきりの別の女性が、私の方へ向かって歩いて来る。彼女は、長い、乙女のようなナイトガウンを着ていた。彼女は私に、大きく口を開けているが、まだ生きている大きな魚を手渡す。それは口を閉じようとしない。私は腕に魚を抱えて、急な階段を下りて行く。

レイラは、その夫婦がちょうど自分と夫のようだと認めた。つまり、その男性は成功した稼ぎ手で、妻は可愛らしく魅力的だった。その妻には、夫の配偶者であるというアイデンティティしかなかった。

しかし、このありふれた状況で、普通でないことが起こる。見ず知らずのその女性は、目のことを除けば普通の人のように述べられている。彼女の視線は、目の前のものに直接焦点を合わせるのではなく、まるで上から来ているものと下から来ているものとに注がれているかのようだった。私たちの心《psyche》のメンタルイメージは、一般的に意識を上、無意識を下に置いている。この夢の女性は、同時に両方の場所――意識的な外的世界と無意識的な内的世界と――に、目の焦点を合わせているかのようだった。

私がレイラに、あなたの神秘とはどのようなものだと思いますかと尋ねると、彼女はじっくり考えてから答えた。『私こそ、その神秘です。それが私自身にとっての神秘です。その物語とは、私の内的な生の神秘なのです』。

夢の中で乙女のようなガウンを着ているその女性は、心理学的に成熟していないレイラの一面を表していた。これこそ、彼女を、自分の世話もできない寝たきりの病人にしていた病だったのである。その乙女のような女性は、まだ息絶え絶えに喘いでいる大きな魚を手渡す。魚は、初期教会にはよくみられたシンボルで〔キリストを表し、というのも〕、キリストは魚という意味をもつIchthysと呼ばれていた〔からである〕〔Jesus Christ, Son of God, Savior の意のギリシア語句の頭文字を組み合わせると「魚」の意のギリシア語になることからそう呼ばれた〕。キリスト教精神の根源にあるこのシンボルは、キリスト教への未熟なアプローチをすると生き残れない。魚を生かすためには、無意識の海に戻さねばならない。魚は豊かな生も示唆しており、実際、豊かさは深い無意識の〔もつ〕特徴である。レイラは、新たな現実を構成する成分〔夢の中で手渡された魚の事を指す〕を委ねられて、良き妻のイメージと病弱な女の子のイメージを後にして進む。彼女は危険な階段を一人で降りて行く。

祭日や誕生日のような特別な日に生じる夢は、その日と結びついた、夢見手の心psycheの特別な側面としばしば関係している。この夢は大晦日に生じたものなので、翌年に始まる何か新しいものについて言っているのかもしれない。それと同時に、彼女の物語を「書く」という助言を、どの程度、文字通り受け取るのかという問題も示している。

レイラは念入りに日記をつけていた。彼女はただ単に日々の出来事だけではなく、洞察したこと、思い出したこと、それに気分についても記録していた。それらはいつも、前夜の夢と関連したものだった。彼女は書いていた——変わった目をしたその夢の女性は、さらに私に何を求めているのだろうか、と。書くということは、無意識への旅と彼女の夢の仕事に関する本を出版することを意味しているのだろうか。これが、彼女が生きる力を再び得るための方法なのだろうか。それは恐ろしい考えだった。〔本を出版すれば〕レイラは、自分は曝されていて無防備だという気持ちになるだろうから。それでも、自分の物語を語るつもりがあるかという質問をしなくてはならなかった。

私は、自分が見た被分析者の夢を、その当事者に話すということはめったにしない。しかし私は、女、性の目覚めという私が見た夢を、レイラに言いたいという強い衝動に駆られた。そのために私たちの分析の仕事がややこしいものになるかもしれないということを承知の上で、とにかくそうすることにした。二つの心psycheが、まるで踊っているように、平行して動いていることへの驚きの気持ちが私の中に広がっていった。

私たちは、聖なる空間にいるかのように、抑えたトーンで起こり得る危険性について話した。彼女の夢を通して見えた、女性の分析の神秘について書くというプロジェクトを一緒に始めれば、私たちの関係にも変化が起こるという点についても話し合った。細かいことについては、二人ともまだはっきりとわからないし、気が遠くなりそうではあるものの適切なことのように感じられた。
ある状況を進めていくことについて疑惑を抱いたときには、しばしば意識的な立場をとり、無意識に反応させてみることが重要である。このようにしてみたところ、無意識は前に進んで行くという私たちの決心を支持するような夢をレイラに送ってきた。

私は教会に向かって歩いており、聖壇の扉が開いているのが見える。私は、きちんと帽子を被った、数人の白髪の女性たちの、細身でまっすぐな後姿が教会に入っていくのを見た。彼女たちは皆同じように見えた。私は教会の裏へと通じる脇の通路を進んでいる。そこには別の小さな聖壇がある。ハンサムな白髪の司祭が、礼拝のための祭服を着けて出て来て、暖かく私の手を握ってくれる。彼は『あなたのやっていることに魅せられています』と言う。小さな聖壇の中には、祭壇に私の書き物テーブルが置かれているのを見て、声も出ないほどびっくりする。私が日記をつけている黒いルーズリーフのノートと、『ただ一人の女性 Alone of All Her Sex』という本がテーブルの上に開かれている。他の人たちは、まるで何かが起こるのを待っているかのように右往左往している。私は座って、履き古したスニーカーを見、スニーカーの甲の部分を神経質に引っ張って履く。私は自分のやっていることを大変だなと思っている。他の人々が礼拝のために入って来たようだ。私にできるのは書き続けることだけだ、と決心する。

さて、司祭がやって来て、励ましの言葉を掛けてくれる。今や書くことは、より崇高な意味をもっている。彼女の日記は、マリナ・ウォーナーの教えられるところの多い本〔"Alone of All Her Sex"〕と並べて置かれている。処女マリアの神話と儀式について書かれている本で、それは後にレイラの夢の中でも顕著になってくるテーマである。大変だという気持ちと躊躇があるものの、彼女の神秘の物語を書き続けることに対して、心 psyche からの強力な支持があるようだ。

これらは、この本が書かれる経緯の背後にある、心理学的かつ個人的な出来事である。各章の冒頭には、レイラの夢を一つ掲げる。彼女は、一緒にした分析の仕事の過程で、文字通り何百もの夢を見たが、その中で、彼女の無意識との関係の成長、黒髪の女性の象徴的な意味、そしてレイラが意識的にこの〔黒髪の女性の〕イメージを統合した過程を最もよく示すと思われる夢を選んだ。

私は分析家の観点から、夢のイメージに対するレイラの連想に沿って、夢の解釈をしている。私のコメントはローマン体〔訳文では明朝体〕で記している。レイラは、日記に基づいて物語の個人的な側面を書いている。彼女は、それぞれの夢を見た頃に生じてきた自分の反応、記憶、洞察について詳しく書いている。彼女の声は、イタリック体〔訳文ではゴシック体〕で書かれている。

レイラの夢は、本書では、ユング派の心 psyche のモデルの用語を用いて解釈している。彼女の夢のイメージは彼女個人の心理学から生じたものではあるものの、全人類に共通する普遍的なイメージに符合する、元型的な次元をも有している。できるだけ十分にイメージを理解するために、神話、おとぎ話、宗教的な象徴からの元型的な素材を用いた拡充法を示している。本書が焦点を当てているのは、新しい生をもたらす、肉体 body と魂 soul を支える無意識からの贈り物としての夢である。対話のプロセスや治療関係の深さと強さについて探ろうとしたものではない。

これは一人の人間の、未踏の無意識の世界への旅の話であるものの、他の多くの人々の旅とも重なる。もちろんレイラの個人的な成育史や状況は、彼女に特有のものではあるけれど、彼女の話には多くの普遍的な側面がある。私たちは、レイラの夢に出てくる多くの「登場人物」に出会う――動物、宇宙人、小人、処女マリア、そして繰り返し出てくる黒髪の女性のイメージ。彼らは、彼女自身のさまざまな側面を表している。これと同一のイメージの夢をみたことがない読者もいるかもしれないが、その場合でも、夢の「登場人物」は、認めてもらいたいと思っている、自分の中にある別の側面を表しているのだ。レイラの文化的な背景は、ある読者の方たちとは多少とも、あるいは大きく異なるかもしれないけれど、それでもその経験との間には接点があるだろう。自らに問うべき基本的な問いとは、次のようなものである、「人生を十分に体験するのを妨げている、強要された制限、勝手に思い込んでいる限界、あるいは非現実的な恐怖とは何なのだろうか」。

この問いへの答えは、ユングが個性化の道と呼んだものの本質である。

1 覚醒の曙

The Dawn of Awakening

私はいつも、新しいクライアントのために扉を開く時に、こう思う。運命の女神はどんな人を送ってくれたのだろうか？　私たちの関わりはどのようになるのだろうか？　お互いに何を学び合うのだろうか？　と。レイラの時もそうだった。

この中年の女性は、「南部の女性」という時のお決まりの描写をそのまま体現しているような人物だった。私自身も南部の生活様式で育てられたので、彼女の上品な振舞いは、とても慣れ親しんだものだった。レイラは、穏やかで抑えのきいた声の持ち主で、幾分もろさを感じさせた。彼女の背中は、誰しも抑うつ状態にあるときにはそうなるように、少し曲がっていて、服はレースの襟がついた沈んだ色柄のものだった。生まれつきのブロンドの髪は、顔にぴったり張り付いていて、化粧も最小限だった。繊細な美しさはあるものの、目の周りに深い悲しみが漂っているくらいで、眼差しには表情がなかった。くっきりとしていて皺のないその顔からは、五十年という人生が感じられなかった。手は上品に組まれていて、低いヒールのパンプスを履いた脚は、足首のところで組まれていた。まるで自分に注意を引くのを恐れているかのように、あらゆることが巧妙にコントロールされているようだった。彼女は時折、遠くに目を遣った。たしかに魅力的で、穏やかさを漂わせていたが、悲しみが全身に広がっていた。

レイラを見ていると、夏の午後にアイスティーを飲みに集まる私の母の年代の女性が思い出された。まるで三、四十年前で時間が止まってしまったかのようだった。眠り姫のように、彼女は眠ったまま、つまり無意識のままだったのだ。彼女は、個としての自分自身に気づかずに、役を演じるかのように人生を歩んできた。日々の用事や他人とのやりとりでは、深い確固とした関わりをもたずに、機械的に生きてきた。彼女の周りには、堅い防御の壁があるのが感じられた。おとぎ話の塔の中で眠っている王女のように、彼女は心理学的に未熟で、まだ少女のままだった。

レイラは、長期にわたる抑うつのために分析を始めることになった。七年前、彼女は心理学的に破綻を来したということだった。抗うつ剤が処方され、精神科医のケアを受けながら、日常生活では、見かけはバランスを保っていた。レイラはこう言った、皮肉なことに、絶望的ではあるけれど、自分が受け入れられている感じを与えてくれるのは、抑うつの苦しみだった、と。彼女は熱心に教会のサークルに参加することをもって、治ると信じていることの証としていた。自分自身でも禁欲的だと思うくらい、みずからのイメージは敬虔なものだった。大変なのに立派にやっているわね、と言われると、彼女の抑うつ状態はいっそうひどくなった。

私が初めてレイラに会った頃、彼ら夫婦は結婚カウンセラーにもかかっていた。思いやりを欠いている、愛情の表現ができない、そして意思疎通も上手くいっていないなどの重大な問題を抱えながらも、彼らは夫と妻の役割は機械的に続けていた。夫は支えてはくれるけれどどうして私が落ち込んでいるのかは分かってくれない、とレイラは言った。自分の人生の中で、彼がずっと安定したものとしてあり続けることができないのではないか、と彼女はこれまでにないほど恐怖を感じていた。分析を受けた方が良いのではないかというのは、精神科医の提案だった。彼女は古いパターンを守ること以上の何かを求めているようだったからだ。彼女には、象徴的にしか理解し得ない夢のイメージが押し寄せており、医学モデルとは異なるアプローチが必要だった。抑うつは続いていたし（薬物治療で軽減されてはいたが）、拒食症になる懸念も大きくなっていた。

慢性的にうつ状態（つまり、普通に見られる落ち込みよりも多く落ち込みを体験しているということ）にあるクライエントの場合と同じように、抑うつは私たちに何を知らせたいのだろう、意識は何を怖がっているのだろう、と自らに問うてみた。

私は、抑うつ depression には意味があって、症状としては何らかの心理学的な傷への注意を喚起させるものだと説明しながら、これらの質問をレイラにしてみた。受け入れ難いイメージや考えを文字通り「抑えつけ depressed」て、意識から遠ざけておくのに必要な心的エネルギーの総量は、通常ほかの活動に使う身体のエネルギーを奪ってしまうくらい莫大なものになり得る。

私は侵入してくるものに対して扉をきちんと閉めておくのに必要な体力を想像してごらんなさい、と、わかりやすいように言ってみた。心理学的な生も同じようなものである。自分自身の意識的なイメージと相容れない、あるいは意識的な信念や態度と合わないファンタジーや考えは全て拒絶され、無意識の中に押しやられる。抑えつけられた素材は、その人独特のパーソナリティの認められざる側面なので、その存在を知らしめようと力を増す。心 psyche の自己調節的な活動は、全体性に向かうよう努力し、パーソナリティの闇の面も光の面も両方とも知らしめ、パーソナリティの中に含まれるように、意識の拡大を強く求める。

抑うつはたいてい、抑圧されている無意識の要素を、意識に認められないようにしておくために、あまりにも多量のエネルギーが内界へと流れていることの徴候である。抑圧されている要素が認められ、受け入れられる（つまり、統合される）までは、神経症的な状況は持続する。

私は、個性化は完全を目指すのではなく全体性を目指すというユングの考えについて、レイラと話し合った。レイラ自身が目標としてきた完全な敬虔さというのは、抑圧されている要素を認めるものではなかった。このために一面的な生き方となり、抑うつが生じたのである。

レイラの成育史、現在の状況や将来への希望について聞く際には、話されていないことや、除外されていることにも注目して聞いていた。彼女は、何かボディワークをやりたいと言ったけれど、自分の女性性に対しての健康的な態度はあまり見られなかった。彼女は、物質にも現実にもしっかりと根ざしておらず、理想主義から力を得ることを選んでいた。彼女の拒食症という身体症状は、文字通りの身体の飢餓状態を示していたし、それはまた、彼女の性の飢餓状態をも示唆していた。エロティシズムと女性としての自信は、彼女の意識的な自分自身のイメージには疎遠なものだった。

彼女は長い間眠ったままで、個としての自分自身について無意識だったけれど、彼女の内には深い切望があるのが感じられた。彼女には自分の隅々まで見る能力があるのではないかと思った。彼女はもろくて窮屈で、美しくしかも信心深い仮面に同一化していたが、明らかにそれ以上の探求すべき生があった。

レイラの知られざるパーソナリティの扉を優しく開くことが求められているとするなら、必要な第一歩は、空気のように遊離している彼女の精神 spirit を人間の肉体の中に根づかせることになるだろう。

レイラ　Leira McMackin

過去十二年のあいだ、私は、自分の女性性が開示してくる物語を語りたいという熱い思いとともに生きてきました。五十歳のときに始まった分析によってこのプロセスに入っていきました。それまでは、私の内的な生とは意識できる感情や思考や祈りから成ると考えていました。夢のなかで繰り広げられる夜のドラマについてはまったく知らなかったのです。その意味するところがわかりはじめるにつれ、私の自覚も徐々に変化していったのです。

断片を集めてひとつの物語を作りはじめようとしましたが、それがどのようにして生じたのかについて、曖昧な考えしかないことがわかりました。それで、日記に向かったのです。日々行ったこと、果てしない混乱や疑問などのなかから選び出してくるのにいらいらするほど時間がかかりましたが、興奮が私を刺激してくれました。すこしずつ、混沌のなかから、一連の神秘が現れてきたのです。

自然の寛大なヒントにもかかわらず、――つまり、誰もが一人で生まれてきて一人で世を去っていくという真実にもかかわらず――、自分の個 individuality から逃れようとしていました。表面だけで生きて、女性性に生来そなわっている深い精神性を見分けることがありませんでした。精神の正確な定義は見たことがありませんが、自分の体験を話すことはできますし、私の性と精神性とは、それらの体験から作り出された別々のものではないということを、どのように学んだかは報告することができます。

内的なナラティブが、他人には見えなくとも強く感じられて、それが、外的な生を導くような影響をもっていると考えずにはいられません。無意識との出会いは、理性をものともしませんが、それを現実のものとしたいとわかっていても、それを生きる自分自身の方法を見出すことは大変でした。その年月はほんとうに困難でした。ナンシーは私の健全さの試金石としての役割を果たすと同時に、非合理的な心的要因に対して心を開けるように誘ってくれました。彼女は絶えず私を励まして、次の夢がなにを言おうとしているかを見るようにしてくれましたが、さらに疑問が生じてくる場合は絶望しました。こういうときには、彼女は「待ってみるしかできませんね」と答えたものです。

私は私の物語を書きましたが、それは同時に、夢のなかの黒髪の女性の物語でもあることは確かです。黒髪の女性とナンシーと私とが一緒になって奮闘したのです。分析に入って一年頃に、ナンシーが私の夢を書いた書類をはさんだファイルを膝に置いているのをちらりと見て、「あなたが私の魂を抱えている」と思わず口にして、彼女はうなずきました。これが、私たちの冒険の深層を垣間みた最初でした。

黒髪の女性は、私の態度を根本的に変えました。彼女は私の女性性の最深奥に目を開かせてくれ、私の体の美しさと親密さの美とを示してくれました。私たち〔黒髪の女性と私〕の関係は、心地よいものではありませんでした。というのも、最初は絶対と考えていた信念、けっして疑うことのなかった教えを修正する必要があったからです。たいてい、彼女のメッセージを避けたいと思っていましたが、それでも、彼女を、彼女というたぶん永遠に不思議な存在を、信じるようになっていきました。

いまでもよく覚えていますが、私の心理学的な旅が始まったのは九月の朝でした。アラバマへの飛行機に搭乗するまえに、神経を落ち着かせるために、トランキセン Tranxene〔ベンゾジアゼピン系安定剤の一種〕二錠と一杯のワインを飲みました。モーテルでベッドに横になって休んだら、四時の約束に寝過ごしてしまいました。困り果てて、電話をしたのですが、私の分析家は寛大にもオフィスに来るようにと言ってくれたので、驚きました。彼女がドアを開けたときに、私は即座にひきつけられ、私ももっと彼女のようになれたらいいのにと思いました。それでも、キリスト教徒としての彼女の価値を確かめたくて、テーブルの上や書棚を隅から隅まで見て、聖書や祈祷書がないか調べました。なにも見つけられず、でも尋ねる勇気はありませんでした。硬直したまま彼女の向かいに座り、自分の背景についてあふれるように話しました。

私は一九三七年にアメリカ南部の小さな町で生まれ、母はそこで生涯を暮らし、たいへん尊敬された一族の名声を楽しんでいました。お金は充分あり、母の結婚後はさらに裕福となりましたが、それはたいしたことではないと母は言い、でも社会的な名声はとても大切にしていました。父は近くの町の出身です。父はスポーツのヒーローで、専門職としての人生は母の町から始まり、敬虔なキリスト教徒としても広く知られていました。私は二人姉妹の妹で、「よい生まれだ」と絶えず言われつづけてきましたが、その意味については優れていることを暗示させる以上のことはわかりませんでした。

私の髪は金髪で、目は青緑で、美しい少女だとよく言われました。周囲の関心をひきつけるこのかわいらしさを誇りに思うようになり、ひょろ長い体格に育つ頃には、華奢に見えるように試みました。『レイラを見てごらん。天使のように振舞っている。おいで、かわい子ちゃん』と言われるのが好きでした。可愛くて従順な子どものお手本として、私の上品さと優しいマナーは他人にたいそう誉められたので、それが私の価値観全体の基礎となり、なんとしても保たれねばならないものとなったのです。

私の世代の深南部の女性には典型的にみられることですが、つねに淑女として振舞うように教育されました。母方祖母とは、私が十四歳のときに彼女が亡くなるまで一緒に暮らしましたが、祖母は淑女としての数多くの作法を私にしつけてくれました。私は彼女の堂々とした姿を称え、彼女の言うことに従い、いつかそのようなすばらしい淑女になりたいと思っていました。

七歳のときに、学校の劇の、春の女王として、白くて長い衣装を着ました。パジャマの上にローブを着て、きれいなスリッパを履くように教えられました。指先を見せるのは、海岸以外では上品なことではなく、一般人だけがそうするとのことでした。小さな淑女は、立つときも、スカートをひいて、膝と踵をつけてまっすぐに立ち上がらねばなりません。パパが帰ってくる時間になると、顔と手を洗い、髪をとかしたものです。小さな淑女は声も変えて穏やかに笑い、大声をあげることなどなかったのです。

十二歳のときに、米国聖公会の監督 Bishop〔カソリックでは司教、プロテスタントでは監督と訳される〕から、頭に手を置いていただいて、堅信礼を受けました。車に乗って礼拝に出かけるときも、母は私に背筋をまっすぐ伸ばして私の服装にも注意するように言いました。アイレット〔目打ち穴を巻き縫いでかがったもの〕の白いドレスを着て、敬虔な振りをして祭壇に跪き、会衆には可愛い横顔を見せるために振り向くことも忘れませんでした。若い淑女は、教会に行くときには帽子をかぶり、白い手袋をはめるのだと教えられました。若い淑女は、牧師が尋ねてくるときには、半ズボンをはくものではないし、若い淑女は明るく笑い、社会的階層にかかわらず誰にでも話しかけ〔るものだと教わり〕ました。

私は友人よりも初潮が早くきたのですが、母は、友達にはその事実を隠すように命じました。パジャマパーティー〔十代の少女たちがパジャマ姿で一夜を語り明かすパーティ〕用に私のバッグを詰めるときには、生理用ナプキンをバッグの底に隠しました。私の日課のひとつは、爽やかさと清潔を保つことで、それ以外に体について考えたり触れたりすることはありませんでした。それは恥ずべきこととして退けられたのです。

十五歳のとき、同級生から五月の女王に選ばれて、講堂の後ろで、長くて白いオーガンジー〔薄地の綿布〕を着て立ち止まりました。みなの視線を受けて、白のリースが頭の上に置かれ、賞賛の栄に浴しました。若い淑女は自分のことを語ることは避け、いつでも控えめでいなければならないと教わりました。タイトスカートの下にはガードルをつけ、若い淑女は男の子にキスをさせてもいけません。

十九歳のとき、長い網レースの式服を着て、その白さを破る赤いバラのブーケを手に持って、社交界にデビューしました。父と並んで登場し、賓客の賞賛の一瞥を受けて、うれしく思いました。背筋をまっすぐに伸ばして、髪をきちんと保つようにという母の指示で頭が一杯でしたが、父と腕を組みながら特別な踊りを踊っているように感じました。

これらすべてを思い出すと、人前だというのに泣けてきました。というのもナンシーの前で、背中に母の手を感じることを再体験し、肘でそっと押される感じを思い出したからです。母のしつこい指示は何十年も私を苦しめました。「ただ微笑んで、可愛らしく自然に振舞いなさい、そうすればうまくいくわ」と。うまくいくどころではなかったことが、いまになるとわかります。

記憶があふれてきて、それに引き続く分析のセッションでも話しつづけました。大学で恋に落ちたときも、結婚前のセックスは不道徳だと教えられていたので、自分の欲求と闘いました。両親はその若い男性を認めず、でも彼は社会的には有名な人だったので、母は私の手紙を口述して、彼に気をもませるようにしました。

二年ほど幸せな日々を過ごしたあと、ある夕方、寮の外に停めた彼の車のなかで、彼はキスをやめました。涙を流しながら、終わりにしようと彼は言いました。彼の望むものを私は与えられないとなぜか知っていたようでした。途方にくれて、何ヵ月も思い焦がれたのちに、母が正しかった、——彼はたいした人にはならないだろう——、と割り切ろうとしました。

母を喜ばせ他人に受け入れられることが、なによりも大切でした。気がおかしくなりそうなほどの憂鬱は私からエネルギーを奪い、何年も後でわかったことですが、男性を魅惑するために肉体を飾りながら、背を向けるということが、自分をとても傷つけていたのです。自分の偽りに気づかず、自分の体をコントロールしなければならないと思うこと自体が、体を嫌悪していることの表れであり、実際には自分を捨てようとしていたのだということに無自覚でした。

二十三歳のときに、ふたたび恋をして、母の白いシルクのウェディングドレスを着て教会の通路をそっと歩きました。母は『私はひと財産なしたけど、あなたはね……』とよく言いました。これは、彼女の結婚は安全なものでしたが、私は自分の安全〔な結婚〕を確保する第一段階にいるという意味でした。唯一私に課せられた責任は、夫の腕を摑んで離さないことでした。その夜、薄い白のガウンに、あごの下で結んだそれにふさわしい部屋着を着ました。ベッドの横に跪いて、形だけお祈りをしましたが、頭のなかでは純粋でかわいらしく見えるか確認していました。彼に自分を差し出したいと思っていましたが、シーツの下で、私の欲求は消散しました。彼は優しくて、私は歯を食いしばり、なされるがままにして切り抜けようとしました。そうしなければ彼を失うのではないかと怖かったのです。

結婚生活に入ると、つねに、上流階級にふさわしいように、優雅な淑女というイメージを漂わせようとしました。心理学的には、依然として白を纏おうとしていたのです。

誰かが常に私の世話をしてくれるのが当然と思っていました。両親も頼りにしましたし、結婚相手は安定した専門職の男性でしたから。夫の宗派の関係で聖公会を辞めるのがいいだろうと父が示唆してくれて、服従は私の特徴でしたから、結婚後すぐに、それに従いました。社会的な側面が私をひきつけて、私が精神性がある spiritual と考える女性を模倣しました。そうすることで私は受け入れられました。母の指示は、家事以外の時間を〔教会の〕集会のボランティアに使い、ただし、リーダーの男性を損なわないよう細心の注意をするようにということでした。私は、奉仕をすれば宗教的に発達すると考えて、自分の体だけでなく、自分の精神的自然 spiritual nature からも切り離されたままだったのです。

私は、よきキリスト教徒の妻であることを学ぶために、数多くの講座に登録し、セックスは義務として耐えつづけました。宗教からの啓示を求めて、自分ひとりの力で前進していると信じていました。一つの権威を別のもので置き換えただけだということを理解せず、自分で考える努力はずっと怠っていました。

子どもができなかったことについてナンシーに話しながら、ふたたびむせび泣きしました。何年も生理痛が激しく、結婚後に、子宮内膜症と診断されました。不妊治療ののちも妊娠しませんでした。振り返ってみると、これは、私の女性性に対するネガティブな態度を強く示すものだと受け止められるのですが、当時は、医学的な説明を受け入れて、克服できない身体的な問題のせいだと思っていました。

つらい失望の四年後に、夫と私は、男の赤ちゃんを養子にしました。彼を腕に抱きながら、これで私は人前にも出られると感じました。勝ち誇ったように、このハンサムな金髪の九ヵ月の男の子に、ぴかぴかに磨いた白い靴を履かせて、ベビーカーに乗せて押して歩きました。私には生きるべき理由がありました。その後数年のあいだに、さらに二人の子どもを養子にして、私が、女性の母としてのあるべき姿と考えるパターンに合わせました。養子局が誠実でなければならないと強調したので、早い時期から「私の大切な養子の赤ちゃん」と甘ったるい声で呼んでいました。にもかかわらず、遊び場のブランコとか、食品雑貨店で買い物の手押し車に乗せて押していくときには、自分が産んだ子どもであるかのように装いました。

　そういう状況に居心地の悪さを感じていました。恐怖の感覚が日々染み込んで、自分に対してポジティブな感覚が消え去ってしまったのです。他にどうしたらいいかもわからなくて、日々「なすべきこと」のリストを持って忙しく動きまわり、それを文字どおりに実行したのです。月のものの痛みは耐えがたくなり、完全子宮摘出術を受けて、生活の質を改善しようとしました。病気の臓器 diseased organ が、女性であることに対する不-安 dis-ease と関連があるとは疑いもしませんでした。

　四十代になって、絶望がつのりました。私のなかのなにかが自由になるように要求していたのですが、それがなんであるかに怯えました。自分に対する信念に堅くしがみつき、とくに、淑女であること lady-being の観念にしがみつきました。暗い疑念に一瞬たりとも屈していたら、私の世界は瓦解していたことでしょう。歯を食いしばりながら、絶望を隠すためにそれまでと同じように生活を続けましたが、内面の苦痛を隠すことはほとんどできませんでした。外面を保つことで生きる力が失われていったのです。

　ナンシーに話しながら、ずっと涙が出そうでした。私は、教会とジュニアリーグの義務を果たそうと懸命に努力しました。次々とパーティに出たのは、母に報告する機会が欲しかったからで、そうして母の承認を得ると、次のイベントまで自分に安心を与えてくれる、しがみつくべきものがなにもない自分に気づきました。家族にやさしくすることが次第に難しくなりました。上の娘も大きくなっていましたし、私は、娘のことを直すべきところがたくさんある悪い少女として拒絶しました。当時は、軽蔑し無視してきた自分の一部に対して反応しているのだとは思いもよらず、成長した美しい若い女性に応対していると思っていました。

夫は精神科医を勧めました。巧みに装ってきた外観とは違うということが他人に知れたときの恥辱を恐れて、受診は拒み、二倍に努力して、家を完璧に清潔に保ち、完璧においしくて健康によい食事を作り、誰にも喜ばれるような遠出をしました。完璧主義が、人間であることの苦痛に対する防御となったのです。

ついに、子どもがそれぞれ十七歳、十四歳、十一歳になったとき、自殺を考えはじめました。パニックをもはや抑えることができなくて、夫に、精神科医に電話するように懇願しました。これが最悪の時期だったと思いますが、現実にはそれが転回点でした。

週に二回の治療が始まりました。医師は私が不安と抑うつをなんとか切り抜けられるように薬を処方してくれました。驚いたのは、私は自分のことを気の違った、取るに足りないものと思っていたのですが、彼女が私をそのような者として保護しようとするよりもむしろ、私の話に耳を傾けて、話す必要のあることを評価したことでした。七年間の治療のあいだ、夫と子どもと友人の助けを借りて、なんとか生活を続けられ、自分の病気のこともある程度理解するようになりました。

教会に慰みを求め、聖公会を離れたことを寂しく思いながら、夫の宗派を離れて、カリスマの新生の最中に聖公会の小さな集会に参加しました。人々は暖かくて、私は祭壇で泣きながら純粋な気持ちになれたと感じました。祝福のために手を置いてもらうことに癒しを求め、父なる神、イエスキリストへの信仰が、抑うつからの完全な回復をもたらしてくれるだろうと確信しました。あらゆることに感謝しようとし、毎朝、日記にはこう書きました。「これは主がお創りになった一日です。喜んでそれに感謝します」。父なる神よAbba-

Daddy〔Abba＝父（なる神）。祈りの時に用いたアラム語。Daddy＝お父ちゃん〕と呼びかけて、私の苦しみを取り除いてくれるよう嘆願しました。多かれ少なかれ食欲不振は解消され、浴室の体重計の数値を自分の健康の目安としながら、全能全愛の神性への信仰を言葉に表しました。ディートリッヒ・ボンヘファーを読み、自分自身の虚無の犠牲とならないように、聖書の一節を祈るようにという彼のアドバイスを心に留めました。祈りに没頭して、聖書の研究やさまざまな教会の礼拝のグループを訪ねてまわりました。

ひどく混乱していましたが、大切なステップだったと思います。自分の傷が明らかになるにつれ、表面的ではないコミュニケーションがしたいという思いが強くなりました。社交的な招待に、あたり障りのない嘘をつくよりも、気分がとても落ち込んでいるので人前に出られないと答えてお断りすることも、抵抗なくできるようになりました。私は、すぐにやりすぎるようになり、聞いてくれる人には誰でも、私の苦痛を言いふらしはじめました。自分の偽りの体面にメスを入れていると感じましたが、それでも、情動を大切にしながら生きることは、実際、両親が情動を否定したことへの反応でした。

十代の頃、私は、神と一つになるべく生まれてきたと知っているとパパに熱心に告白したことを、震えながら、ナンシーに話しました。父は、感情と信仰とを混乱してはならない、と私を厳しく責め、感情は移ろいやすく信頼すべきものではないと説明しました。自分のことを馬鹿だと思いながら、口を閉ざし、自分のなかにそれをしまっておくようになりました。

精神科医と治療を続けるなかで、両親から受け継いだ家具と銀製品を、売ったりあげたりしました。――家族以外にけっして手渡してはならないと、母が強く諫めたお気に入りの品々も含まれています。母の命令にあえて逆らったのはこれが初めてでした。

治療が終結に向かう頃、精神科医は、これから先はユング派の分析家が助けになると思うので行ってみたらと、ナンシーを紹介してくれました。数週後にやっと彼女に電話をかけました。信頼しきっていた医師のもとを離れるのが嫌なだけではなく、夫も、結婚カウンセラーも、聖公会の牧師も、それに反対したからです。私が心理学に魅了されることを心配していたのです。

ついに、私は言おうと思っていることを逐一書き出して、三度深呼吸をしてからバーミンガムのナンシーの番号にかけました。私はボディワークをしたいと申し出て、さらに、〔精神科医の〕治療によってかなりよくなったので、おそらく数回のセッションで充分だと思いますと付け加えました。彼女は私と会うことに同意して、無意識の素材を使うこともできる、自分はそれをやっているから、と話して、夢を持ってくるように言われたのです。

夜に生じてくるものを無視するように言われていたので、私の不安は募りました。母は、「それほど退屈なものはない。そしてそのうえ、その種の話は、おまえを気が触れたみたいにしてしまう」と叱りながら、夢について彼女に話すのを止めました。私はほんとうに気が変になっていたのでしょうか?

最初に会って、自分の長い物語を話したあとで、ナンシーに「女性性」について尋ねました（独り善がりですが、自分ではそれを発達させたと思っていました。私の考える女性性とは、「私が結婚する女性は／このメロディーのようにソフトで優しくなくては……」という古い歌のように、感傷的なものに限られていました）。ゆったりとした調子で、彼女は、それは体なくしては存在しないと説明しました。彼女は、私が分析に打ち込む必要があることを強調しましたが、それは間違いなく退屈で怖いことでもあるとも言いました。彼女は私が必要とするもののなかにすでに入っていることを保証し、私は彼女の支えを感じました。最初の四回のセッションが終わったときに、不吉な予感がしたのですが、分析家が私の夢に目を向けはじめたので安心しました。

帰りの飛行機のなかで、彼女の示唆してくれたことを書き出しました。

1私の夢と思考と感情を記録すること。次に会う一週間前に夢をメールで送ること。

2鏡で私の裸を見ること。

3体をオイルで磨くこと。

4それについて書くこと。

5いろいろな布で試すこと。

これらの宿題は、やり遂げるエネルギーがないと思いながら、窓ガラスをこつこつたたいて雲を眺め、別れるときにナンシーが言った言葉をつぶやいていました。『いつも追い風とはかぎ限らない』と。それをうまくやれるかどうか心配になりましたが、「それ」を定義しようとはしませんでした。

精神科医はナンシーについて尋ねました。彼女と話すのは心地よく、思慮深い人だと思うと答え、むしろ普通に見えるわ、と加えました。自分が避けるようにしつけられてきたすべてのことを意味するような形容詞を使った自分にぞっとして、自分が信頼しようとしている人物を描写する別の側面にも思い至りました。なにも来ないけれど、彼女のことを思い描くときにはいつでも「普通」が戻ってきます。自分の理解は曖昧でしたが、彼女には、私の辞書にない性質があることを認めました。――全体として普通だけど、普通ではない女性。彼女はどういうわけかその両方でした。

2 黒髪の女性とねずみ

The Dark-Haired Woman and the Rat

私はビーチハウスでシングルベッドに座っている。黒髪の婦人が私の隣にいる。ひざ掛けの下でなにかが動いているのが見える。二度、三度と動く。一匹のねずみがベッドの反対側から現れる。怖くなって叫び声をあげる。ねずみが私に飛び掛かってきたので、黒髪の女性に、ねずみを追い払って、と叫ぶ。彼女は立ったまま、長いあいだじっと私を見つめ、それからようやく、枕でねずみを追い払ってくれる。私はパニックに襲われる。

レイラの連想では、そのビーチハウスは、彼女が幼少期から思春期の夏に過ごした所だった。そのシングルベッドは自分のものだと、彼女は認めた。ビーチでの夏は、人が思うほど楽しみに満ちた休暇ではなかった。洋服や作法についての締め付けはましだったものの、別の制限によって、子どもらしい好奇心や、遊びや空想の感覚は妨げられていた。誰かの監視がないと、一人でくるぶしまで水に浸かることもビーチをうろつくことも許されていなかった。いつも、誰かに導いてもらったり、守ってもらったりしないといけないと言われていたので、自信をもったり、自分を成長させていく方向感覚を伸ばすような活動は影が薄くなっていた。

ベッドの縁に座っているという夢のイメージは、彼女が長い眠りから目を覚まそうとしているのを示しているように見える。前述したように、『眠りの森の美女』の中に、類似のテーマ、つまり元型的なパターンを見出すことができる。このおとぎ話では、王女は十五歳の誕生日の日、招待されなかった名付け親の妖精のかけた呪いのために、百年にわたる眠りに落ちた。心理学的にも生理学的にもこの年齢は、若い女の子が女性へと成長し、性に目覚める頃である。もし彼女が「眠り込む」とすれば、それは無意識のままでいることであり、女性への通過儀礼は決して起こり得ないことになる。心理学的に、彼女はずっと女の子のままということになるのだ。

レイラが思春期を迎えた頃、若い女の子たちはしばしば老婆の語り継ぐ迷信や文化的な制限によって押さえつけられていた。月経は一般的に、月々の出血や女性の身体を巡る何か不吉なものを暗示する「呪い」と見なされていた。レイラの物語は、他にも多くの呪いについて語っていたが、全て、性や性的な感情は忌々しいもので、「きちんとした女性」を安っぽくするものだということに由来していた。レイラの態度を形作っていた別の呪いは、自分の身体は自分のことを敬慕し大切にしてくれる「立派な」男性を惹き付けるためだけに美しくあらねばならない、というものだった。身体は、愛情や快楽のための器であるといったような考えは微塵もなかった。

私たちの文化の「邪悪な名付け親」とは、何世代にもわたって娘たちに魔法をかけ続けて、自分たちの考え方を廃れさせないようにする女性たちのことである。幸い西洋世界の大部分の女性たちは、レイラが育った場所や時代に広まっていたこれらの態度は、間違っているし、不健康であるということに気付いている。自分の自然な欲求と、親や文化が命令してくるものとの間の葛藤と取り組まなくてすむように、レイラは眠りの森の美女のように眠りに落ち、心理学的に乙女の状態のままになってしまったのだ。彼女の性的な衝動《nature》に対する命令が、神経症というブロックを作り上げているようにも見えるかもしれない。彼女の基本的な本能の衝動は抑圧され、切り離され、封印されていた。

さて、夢は、何か暗くて忌まわしいものがひざ掛けの下から現れようとしている、と告げている。ねずみは、一般的にじめじめして汚い場所に住んでいるものと関係がある。蔑まれている動物ではあるが、齧るという性質ゆえに無視するわけにはいかない。病気を撒き散らすし、夜になるとちょろちょろと走り回り、姿を現すと、チラッと見て驚かれるだけである。ねずみは魔女と関連のある動物であるため悪の前兆と見なされている。この夢のイメージは、身体や性に対してのレイラの無意識的な態度を生き生きとした映像で示していて、その映像は彼女の意識的な言葉が表現するよりもわかりやすい。

レイラはこの夢を怖がっているけれども、それは情報を与えてくれているし、いろいろな意味で有望だと私は思った。まずそのねずみは、薄い表面つまり膝掛けのほんのすぐ下にいるのであって、例えば地下深くの下水管にいるわけではない。そのイメージは意識に近くて、さほど困難なく扱えそうだった。切り離されている生の側面は、ねずみが象徴しているようなものであり、目を向けられることを求めている。ねずみは夢見手に飛び掛る！ ――抑圧されている無意識の素材が意識へと立ち現れて来る時には、たいていこのように感じられるものだ。この夢のイメージは、彼女に目を覚ましているようにと衝撃を与える。見て！ 気が付いて！ これが、その夢のメッセージなのである。

レイラは夢の中でも、そして私にその夢について話している時にも、パニックになったと述べた。「パニック」とは、男根神パンに由来する言葉で、抑制されていない本能的な性と関連がある。長い間抑圧されて来たものを回復するために、何かが意識へと入って来ようとしている。

次に、実際には知らない女性が、夢の中では知人として現れている。夢を書き記すとき、レイラは初め、彼女を黒髪の婦人と称しているが、彼女が助けに来た時には、黒髪の女性と呼んでいる。婦人と女性の違いは明らかなのに、レイラは、女性というのは普通〔の人〕で、婦人というのは洗練されているということ以外の区別はできなかった。ここにいたのは婦人ではなくて女性で、その人はねずみを怖がらず、それが象徴しているものを扱うことができた。レイラのブロンドとは正反対の黒髪の女性は、彼女のパーソナリティの影の側面である。ユング派の用語で影とは、自分自身についての自分のイメージ――態度、価値、および外見――と相容れない抑圧された内容物が人格化したものである。影は、生きられていない生と見ることもできる。

これが、始めてレイラが持って来た夢である。イニシャルドリームはたいていい分析の焦点を示す。私には、この夢のイメージは、影の素材を意識にもたらす必要があるということを強調しているように見えた。そしてその素材には、レイラの抑圧された性と、レイラを救ってくれるであろう、黒髪の女性の光の側面とが共に含まれている。

レイラ　Leila McMackin

日常の些事をこなすことも集中することもできなくなって、分析に取り組もうと決心してからというもの、私はこつこつと夢を記録しました。実際にナンシーと話すまでは、イメージから離れたままで、ほんの表面だけで生きてきたように思います。ほとんどパニックに圧倒されそうになって、闇雲に前進し、生き残るためには容赦なく前進あるのみ、と思っていました。それぞれに、自分の道を選択するのにふさわしい時期があるなどとは考えもよらなかったのです。自分の自我egoこそ癒しの助けとなり、自我を発達させれば万事うまくいくと思っていました。イメージそれ自体が必要な種をはらんでいて、黒髪の女性が助けてくれるとはわからなかったのです。

それでも、私のパーソナリティは、あまりにも多くの「ねばならぬ」で占められていることに気づき、それから抜け出すだけでは物足りないと思ったのです。この目標に向かって邁進し、ほかのほとんどすべてのことを遮断しました。体調が悪くなってからというもの、不安に耐えるため、ほとんど毎日、二、三マイル歩きました。母が近所の人に向かって、こんなふうに言ったのを覚えています。『あの娘ときたら憑かれたように歩いてばかり。哀れだと思わない？』何区画も歩いてまわりながら、人々が窓から眺めているさまを思い描いていました。私に対するそんな思いが吐き捨てられているのを感じながら。

ある朝、苦しい旅〔散歩のこと〕から戻ってきたときに、自分の体を見るようにという課題をやり遂げようと決心しました。まっすぐに寝室に行きました。服を脱ぎながら、不安は募り、目を閉じてコーナーにある等身大の鏡に近づいていきました。見ることはできませんでした。部屋を、ゆっくりと歩調を整えて歩いてから、ホールに行き、うまくやれなかったと涙しながら、だめな自分に許しを求めて祈りました。唇に〔涙の〕塩辛さを感じて、自分と約束しました。涙がお腹まで届いたら、ちょっとだけ〔自分の体を〕覗いてみようと。アウシュビッツの写真を思い出させるような飢えた女性が、私を見つめていました。その光景に耐えられず、服を急いで着ました。

二週間後、私はふたたび鏡の前に立ちました。ええ、〔鏡という〕棺のなかに入ったのです。でも、自分の胸を誉めました。引き続いて鏡を見ているうちに、手にローションをとって、脚や腕に、そして、胸と足にも塗っている自分の姿を眺めていました。死んでしまわないよう体に触れてあげなければならない乳児のように、生命を吹き込むために、自分の体をさする必要があることも受け入れました。

ある日の夕食時、夫に、歩道のたくさんある町に住めてうれしいわ、だって、散歩できるし、ばったり誰かと出会っておしゃべりすることもよくあるから、と言いました。

『くだらない女性も多いけど』と夫は言いました。

夫が私のことをこんなふうに見ていたなんて、とても打ちひしがれましたが、私も自分のことを、気ままでつまらない女性以外のなにものでもないと信じていたことに気づきました。自分の価値を示すために、自分からさらに努力しようと思いました。

3

重ね過ぎ

Too Many Layers

私は病室にいる。母はベッドの上に座って、私が洋服を着るのを見つめている。母は私に、もっともっと服を着るように言う。最初は白いブラウス、次に赤いブラウス、その上に赤いドレス、それから黒いドレスと黒いビーズの首飾り。母は一着ずつ批評をしていき、私はみじめになる。洋服ダンスが目に入り、急いで引き出しを取ってくる。それぞれの引き出しには古い服が乱雑に詰め込まれているが、私は、それが母の服であることがわかり、だんだん元気が出てくる。

病室というこの夢の設定は、病があることを示しているものの、病室とは癒しが始まり得る場所なので、望みがあることも暗示している。誰が患者なのか——母親か、娘か、あるいは両方なのか——は、はっきりしていない。彼らの診断は、程度こそ違うものの同じかもしれない。レイラの成育史で見てきたように、彼女の母親の病気は伝染性がある。自分の真の女性性の本質を抑圧するというその病気は、十三世紀にねずみによって広まったペストの大流行よりも感染力があり、魂 soul と肉体 body に対して有害である。

夢が注目しているのは、あらゆる種類の洋服である。母親は、夢見手に着るべきもの、つまり彼女が人にどのように見えねばならないかということを指図しているのである。母親は、娘のイメージに、自分自身のイメージが映し出されるよう求めている。そこには、母と娘は別々の個であるという認識はない。夢の始まりで、レイラは自分という感覚や、自分が誰なのかを定義する自我の感覚を持ち合わせていないということがわかる。病院でのシーンは、レイラの現実のようだった。なぜなら、彼女が言うには、着る洋服、そしてあらゆる状況において適当だと思われるものを母親が選んだのだから。レイラには、そういったことに自分自身の意志を反映させる機会はほとんどなかった。

洋服は、公的なパーソナリティであるペルソナのシンボルである。「ペルソナ」という言葉は、ギリシア語の仮面、つまり社会的な状況の中で付ける「顔」に由来している。それは、日々の生活の中で最も傷つきやすい感情を、辛らつな言葉から守るのに必要な防護である。ただただ生きるという試練の中、それは私たちの行く道を和らげてくれる。ペルソナと同一化したときに、危険になるのだ。仮面はまるで貼りついたようになり、その背後には顔がない、つまり生き生きした人間がいなくなってしまう。私たちはただ、演じるように割り当てられたか、あるいは自分で選ぶかした役――教授、聖職者、管理職、妻――になるだけで、内からの生き生きとした生命の力が流れ出てくるのが妨げられてしまう。

レイラが成長していく中で、重要なお祝いの白い衣装は、彼女が同一化したペルソナを象徴していた。純潔、無垢、美しさ、上品さ――これらは彼女が人に示していた性質だったけれども、その下にあるありのままの真実は、黒髪の女性とねずみで象徴されていた。

夢の中では、幾重にも重なったペルソナ問題の層があり、それは母親が娘に身に付けるよう命じてきたもので、それぞれの場面に応じた色調〔ニュアンス〕や様式がある。隠されていて見えないのもあるものの、必要になればいつでも使うことができる。全てはごちゃごちゃで、仮面がぴったりと貼り付いた母という病んだペルソナに属している。レイラは夢の終わりで、彼女の母親からは分化したパーソナリティの中に、自分の声を見出す。いかに無意識のうちに母親の信念や価値観を「身につけてきた」かを実感し、レイラはようやく、これら全ての層の下にいる自分は誰なのか、とは考えたこともなかったことに気が付いた。

このような態度をどのようにして変えるかは、別の問題で難しいものだった。しかしこの境界領域において、衝撃的な現実、つまり自分は自分が思っていた人間とは違い、自分がそうだと思う自分ではないということが明らかになった。それは、これまでの心の構造が解体するという必要な時期ではあるのだが、何か新しい構造が展開してくるという望みや自覚があるわけでもない。このようなとき人は、混沌と絶望の感覚をもつものであり、レイラもそうだった。

自己形成期をつうじて、私は、白い服を着て見せびらかしてきましたが、それは母に演出されたものでした。私は、ほとんどの夢のなかで、子どもの頃の家に戻っています。自分自身のあらゆることに母の影響が絶えず続いていたことが次第にわかりはじめてきました。自分自身を信頼できなくて、反抗的な十代の若者のように、いまでも社交的な誘いはしばしば断っていたのです。というのも、母にそういう場に来ないように頼むと、〔私がそういう場にひとりでいけば〕不吉な災難が起こるという予感を母がありありと漂わせるので、結果として最期の時を迎えるようなことにならなくてもすむように、私は誘いを断らなければなりませんでした。この暗い不安は、大人になっても続いていました。社会的反響のことは別としても、自動的に応答してしまうのではなく、なにか意味をみいだす必要がありました。

母が望むことをしてしまうことからいまだ抜けられず、それを止めると、どこに自分が行きたいのか、なにを言いたいのかわからなくなってしまう自分があります。実際、自分になにがほんとうに大切なのかわからないのです。

挫折中のことに〔話を〕戻しますが、両親の精神医学に対する不信感に直面しました。家族の友人が治療を受けていて、母は繰り返し言っていました、『あの人はおかしくなった。自分の道を進むなんて言っている。精神科医がそうさせているんだわ』。母は、私が精神科にかかって夫と子どもを傷つけるようなことをしてはならないといい、自分たちが社会で置かれている立場をよく考えるように迫りました。家柄がいいのだから精神疾患などならないというメッセージも読み取れました（でもあとで、叔父の自殺と大叔母の精神病が秘密にされていたことを知りました）。

私の精神科の主治医は、母と話をするのをやめるようにアドバイスしました。母の判断に脅かされることを最小限にするためです。当時としては救命のために必要な決定だったとはいえ、その残酷な仕打ち〔母と話してはならないというアドバイスのこと〕に家族は不満で、教会の人たちは、〔母を〕許そうとしないから聖霊の祝福が受けられないのだと警告しました。これらはすべて、ひどい罪悪感を生み出すもととなりました。

夢のなかと同じように現実でも、私は文字どおり衣服と奮闘していて、何時間もかけて洋服を整理したり、購入しては、買ったものが自分には合わないように思えて、すぐに返したり、ということがしばしばありました。首筋の締まったパステルカラーの、とくに少女が着るようなピンクの服を手放しました。罪悪感と戦いながら、多くのものをくずかごに入れました。自分なら選ばないような種類のものを見つけると、どれが自分なのかわからなくなりましたが、とくに紫色には魅せられました（母は紫が嫌いで、ありふれた色だからと、私が着ることを禁じていました）。数ヵ月が過ぎて、衣服というのは、母が私に要求していたペルソナの象徴なのだとわかりました。そして自分に繰り返しこう言っていたのです。「違う、これは母のものだ。だからそれを着るのはやめよう」。

能動的想像――顔のない王女

私が分析を始めてまもなく、母は入院しました。ある午後、母の病室に座っていると、母は自分の子どもの頃の思い出を語りました。鼻を上に向けて言うのです、母の父〔祖父〕は母のことを完璧だと考えていて、父があのときに出てきてくれれば、なにも変わらなかっただろうに、と。私はしばしばこの話を聞かされました。そして彼女はドアの方に手を振り、祖父が入ってくるのではないかと待っているのでした。

　じっと耳を傾けていると、どこからかわからないのですが、ショックを受けたかのように、「王女」が私に浮かんできました。その次の週、バーミンガム〔ナンシーのオフィスがある〕へ飛行機で旅行しているあいだに、その場面がもういちど思い出されて体験していると、その啓示が頭を離れず、涙が流れました。隣の座席に座っている人が気づくまえに涙を拭いて、自分自身の物語storyを書きました。最後の折り返し句《リフレイン》は、かつてないほど悲しみ、ため息をついている私が庭で座っている場面を示すものです。

私は顔のない王女。
女王の母は、しかめ面をみせない顔でいなさいと言う、それがあなたの顔だと。
女王は、いつも笑顔でいなさいと言う、それがあなたの顔だと。
王は、涙のない顔でいなさいと言う、それがおまえの顔だと。
どこにあるのかしら、私の顔は。
どこ、どこなの、私の顔は。

　続く数週は、その言葉の意味をじっくりと考えました。私の絶望感がこの憂鬱な歌全体を流れています。顔も持たず、いまの私には、声も、自分で見る目も、自分で聞く耳もないのです。これまでの私の人生には、個というものがありませんでした。これはもう否定しようがない真実でした。

あとで、母の病の一因として、母の父〔レイラにとっての祖父〕の目に完璧に映りたいという母の思いがあることを理解して、私も、母と同じだったのだとわかりました。ただ異なる点は、私は〔父ではなくて〕母にとって完璧な娘でありたいと思ったことです。

ナンシーは繰り返し、私が自分のなかにある王女の部分に、どのように仕えているか考えるよう要求しましたが、彼女が行ってしまうので絶望と混乱を感じ、ほとんど言葉になりませんでした。

ナンシー　Nancy Qualls-Corbett

心的態度にストレスのかかるイメージや言葉が意識に現れてきて、目に見えて動揺する時がある。そのような時、私たちは、強い情動にせき立てられているように感じる。いずれも無意識から生じてきているものなので、それらのイメージに注目することは、夢に耳を傾けるのと同じように重要なことである。私たちはそれらについての連想を集めて能動的想像をし、イメージも情動も再び抑圧するのではなく、全力を尽くして取り組み続けるように、心の目を離さないようにする。レイラは、王女と自分の過ごした人生の物語を書くことで、「映像を見るかのような叙述」をした。

顔のない王女のイメージも、それとやりとりをするのも、とてもストレスがかかったけれど、そうすることでレイラの理解には変化が訪れた。以前彼女は、自分を救ってくれる王子様を待っている寄る辺ないおとぎ話の王女と同一化していた。レイラは他のモデルを知らなかったのだ。その役には、個性を反映するべき深みもなく、彼女は情緒的に未熟なままでいた。その未分化な領域において自分のことを知るのは、ただ他人が自分のことを言ってくれる時、それもたいていは男性が言ってくれる時だけだった。彼女が世界に向けた顔には、他人と区別できるような特徴はなかった。心理学的には、彼女は、女王、つまり女性性の本質の最も有力な支配者には決してなれなかった。しかしこの支配的な原理なくしては、自分や他人との関係はいつも虚しいものになる。

4

抜け殻の女性

The Hollow-Shell Woman

人間の形をしたものが、ベッドの上で、完全にシーツに覆われている。それがすこし動くのが見える。私は怒って、その上に乗りかかり、殺そうとする。それを殺さねばならない。このものを絞め殺そうとしたが、シーツがずれて取れてしまう。白い女性が見えるが、それは薄い白の中国人のような人形で、両頬が赤い色で丸く塗られている。だから中国人形のようなのだが、実物のように見える。裸だ。絞め殺そうとしたときにその体の感触が感じられる。彼女は私の手のなかで崩れていく。――彼女は抜け殻だったのだ。目がある場所からなかを覗くと、なにもない。彼女の内側にはなにもない。（人形の少女と私とが叫んだので、夫が私を起こしてくれる）

抜け殻の女性のイメージは、以前の夢に出てきた女性の、グロテスクなイメージと似ている。彼女は、実験室のフラスコの中で、生命がないのに生き続けていた。ブロンドの髪、頬紅をさした頬、血の気のない顔色。しかし違いはある。実験室の女性は膨らんだ人形のように不自然に膨張しているのに対して、ここでのシーツの下の女性は空ろで、見せかけだけの殻だということがわかっている。それでもまだ、彼女は生きているし、動くこともできる。

過去からの亡霊のように、使い古したペルソナの特徴を象徴するイメージは、夢の中で私たちにつきまとう。レイラは、かつて自分自身心に描いていたような小さな王女の人形と同一化したくはなかったけれど、終生の態度というのはなかなかなくなるものではない。はにかみ屋で手のかかる王女というのは、レイラのパーソナリティの一側面として残っていた。これがどれほど危険であり得るか知っていたので、もちろん彼女はそれを取り去りたいと思っている。

夢は、心《psyche》がバランスを求めていることを描くだけではなくて、以前の行動パターンへと戻ると、それを知らせてくれる。おそらくこの夢の前日ないしは二、三日前、レイラは無意識ではあったけれども、以前の習性に頼って葛藤を解決したのだろう。夢はこの事実をはっきりと示している。

私たちがそれほど同一化している仮面を外すというのは、恐るべき企てである。というのは、実際顔がなくなってしまうから。ある人のパーソナリティが変わり始めると、家族や親しい友人たちも戸惑う。レイラは従順に同意するのではなく、自分の意見を述べるようになっていた。「彼女はいったいどうしたの?」と、皆が思った。レイラは彼らが不満に思っているのを感じ、とても孤独だった。以前の習性に戻れるなら、なんと容易いことだろう。

個性化の道は、進めば進むほどより狭くなり、過酷な要求をするようになる。夢は容赦なく、繰り返し内省することを強いてくる。

レイラ Leila McMackin

この夢をみてから、いくつかのイメージが浮かんでくるようになりました。何日も、崩れていく抜け殻のイメージが浮んできて思考が止まり、すべてを奪いつくしてしまうような憎悪を抑えるのがたいへんでした。とても空虚で、虚ろな仮面をつけているような感じでした。このことを考えると、気持ちが荒みました。自分に同情することもできませんでした。顔のない王女と出会ってこんなことになり、失った少女のペルソナを軽蔑しました。この空虚さから抜け出せることなどできそうもなくて絶望しました。

日記をめくっていると、どの頁にも夫に対する非難の言葉が書いてあることに気がつきました。私に協力的な妻の役割を押しつけて、夫の仕事がうまくいくことだけを私の楽しみにするよう求めたと、夫を責めました。彼が変わってくれさえすれば、もっと違った人生をおくれたのに、と確信していました。こんな考えがどれほど不公平なものであるか、思い至りませんでした。

なにをしたらよいかわからなくて、夫を非難しつづけ、自分を偽ることをやめられませんでした。私がいい人だなんて言われると、敬虔な私という図柄がまるごと出てくるようで嫌でした。ひどく欲求不満を感じて絶望し、自分の弱さを隠すために、できるだけ家にいるようにしました。

この夢が、自分のなかにある内的な空虚さとそれを隠すために装ってきた偽りの自分を、どれほど適切に表現しているか、としばしば考えました。私はほんとうに彼女を殺したかった。血ではなくて、人形のような蝋の感触が私の手につきました。なんとかして自分自身から自由になる必要があったのです。

5

クロゼットの子ども

The Closet Child

私は学校の先生で、新学期に備えて教室を掃除し、飾りつけをしている。子どもがクロゼットにずっと住んでいたことに気づく。あたりには、排泄物や汚物や食べ物が散乱している。委員会が私の教室を視察に来て、こんなふうに散らかしたままにしていることに憤慨して歩き去る。修繕できないほど傷んでいるね、という声が聞こえる。その部屋にあるベッドが目に入り、なかに入ろうと覚悟を決めるが、そこも汚くて、食べかすで一杯。

レイラが彼女の仮面――小さな王女への同一化――を取り外すことができるやいなや、すぐに新しいイメージが現れた（しかしこのように深く根ざしたパーソナリティを取り除くのは大変難しく、小さな王女はしばしば戻って来る）。汚物や排泄物にまみれて生きている子どもは、雪のように白い王女とは正反対である。以前の夢で、一歳の時から子どもは見捨てられている、と賢明な声が述べたのを思い起こせば、今では隠されていた子どもは見つけられ、意識の光の下へと連れて来られている。

その子どもは、潜在的な生と真の無垢とを体現している。多くの力強い情動はクロゼットの中に押し込められてきた。あるいは抑圧されてきたといってよいだろう。夢は、無視されたその子どもが汚れて酷いことになっているという重大なことを、私たちに告げている。クロゼットの子どもは無視され、自らの排泄物で汚れた生き物を表している。しかしそのイメージの中には、全体性の象徴である自己 Self に由来する、神の子の元型が眠っている。

レイラとこの夢について話したとき、私は次のように説明した。幼い子どもは、自分が喜んでいる時、それが両親の目に映し出されていないとわかると、自然な子ども the natural child は、非常に幼い時期に抑圧されてしまうものだと。適応した子どもが、あるいは偽りの自己といってもよいだろうが、それに取って代わる。レイラの場合、この偽りの自己は小さな王女の中に形づくられた。子どもの頃、隣人の樹上の小屋で遊んでいて、父が、怪我をするから二度とやってはいけないよと諭しながら〔レイラを〕「救助」した時のことを話してくれた。彼女は二度と樹上の小屋では遊ばなかった。ビーチでいつも監視下にあったように、子どもの頃レイラは、自分は危険な世界の中のか弱い生き物なのだというメッセージしか受け取ることはなく、自分の世話もできなかった。

この夢では、レイラは自分自身を学校の先生として見ている。そしてその先生は、クロゼットに住み、長年無視されてきた自分自身の側面の世話をする、教育者であるとともに世話人であるとし、またその手腕があると見ている。そしてその先生同様に、夢自我はそのクロゼットの子どもを養うことを引き受け、〔その子に〕共感せねばならない。だからレイラは、自分自身の見捨てられた側面を見つけた後に、情動が溢れ出て来るのにも注意する必要がある。

その子どもは、新しい生のみならず、もし慈しみながら育てられれば、好奇心と創造の泉を生み出す新しい想像力をも表現している。夢の中の委員会は、学校の視察委員会のように有益な面について言及しながら、怠惰の原因をも正確に指摘して、教室の状況を評価した。この委員会は、全体性に向かって旅できるように、心的プロセスのバランスを保つことを目的とする、自己規制する心の部分に相当する。夢の委員会は、子どものイメージが体現するあらゆるものが極端に無視されているのを見つけている。その判断は厳しいけれど、それはこの状況において必要なことで、決して無意味ではない〔ナンセンスではない no-nonsense〕というトーンを反映している。ベッドのところに行き、頭の部分のカバーを引っ張るとクロゼットのなかの汚い簡易ベッドが露わになるので、〔それは〕健全な選択ではない。愛らしくないものを愛するという課題は、難しい。なぜなら自我意識――元々〔愛らしくないとして〕それらの特徴を抑圧したのと同じ自我――が、愛さねばならないのだから。

ひざ掛けの下の忌まわしいねずみと同じように、クロゼットの子どもは、辛いけれども顔をそむけてはならないイメージである。クロゼットの子どもの気持ち――寂しい、怖い、愛情に飢えている――を想像することで、とても生き生きとしている可能性があるのに無視され閉じ込められた側面と、情緒的に接触を持ち続けることができる。

レイラ　Leila McMackin

数回のセッションにわたって、ナンシーと私はこの夢について延々と議論をしました。そのあと急に、この子どもをクロゼットに追い払いました。もっと刺激的で扱いやすい誰かが私の夢に登場してくれることを願って、その子のことはくよくよと悩みませんでした。その後数週にわたってずっと、ナンシーはその子を話題にしたのですが、もう私にはその子はリアルでないように思えました。

とうとう、私は心を入れ替えることにしました。そのために一段と、動揺して傷つきやすくなったのですが、ナンシーがふっくらとした感じの青い陶器のポットでお茶を入れてくれたので、彼女がこのクロゼットの、おそらく五歳くらいの子どもと、お茶パーティーをしているような感じがして、彼女の心配りに深く心を動かされ、私もその子のことをまじめに考えようと決意したのです。

ある朝、ベッドを整えようと体をかがめていると、クロゼットのドアが開いたままになっていることに気がつきました。閉めながら、祖母の言葉を思い出しました。「どんなに完璧な部屋でもクロゼット〔のドア〕が開いたままになっていてはだめね」。突然、真実が浮かんできました。私たちは、自分のなかに自然に生まれてきた子どもの自己child-selfを〔クロゼットに〕閉じ込めてきたのだと実感しました。ドアノブに手をかけて、それをもういちど開けたいと思いながら、躊躇し、きれいなままにしておきたいという気持ちに負けました。どうしたら、強迫に近いような清潔好きの衝動に勝てるのでしょうか。どうやったら、その少女が散らかしてもかまわないと思えるようになるのでしょうか。

できるかどうかわからないと思いながら、それでも毎晩、ベッドの脇のテーブルに便箋に日付を入れて、夢をみたらすぐに書けるようにして、その子のことを考えながら知らぬ間に寝てしまうことが度重なりました。なにが起こっているのかを充分把握しているわけではなかったのですが、そのノートが、本質的には、その子が隠れている世界へ入り、その子を連れ出すためのドアでした。

ほんとうにその子を助けたいと思ったのですが、私が母から受け継ぎ、また三人の子どもたちに与えてきた母性の支配的な側面に同一化してしまうので、このイメージとポジティブに関係をもつことができるだろうかという疑念に駆られました。ナンシーは、私の自覚が状況の変化をもたらすと強調してくれたのですが、私はその子の近くにいることができないと感じられて、育てたいという思いがしばしば霧散してしまうのでした。自分の不毛な状態を思い知り、先の夢の、女性の抜け殻を思い出しては、繰り返し憂鬱になりました。でも、私以外のほかの誰も彼女を助けられないという認識が、これよりもさらに強いことがわかりました。何ヵ月にもわたって、その子は、あらゆる方法ではっきりと姿を現してくれたのでした。

ある晩、床に入ろうと服を脱いでいるときに、果てしなく続く葛藤に疲れていたのは明らかだったのですが、鏡に向かってつぶやきました、『もうできない』と。すると内から聞こえてきたのです、『ママ、ママ、私はこんなに小さい女の子なのよ』と。クロゼットの少女の泣き声だとわかりました。彼女は泣く必要がありました。彼女には耳がなくて、私の耳が彼女の泣き声を聞きました。私も泣きたい気持ちになりました。彼女のことを知ったことで興奮して、彼女のことをアンと呼びました。このミドルネームは私が一度も使ったことがない名前で、私が一度も経験したことのない人生を歩みだすにあたって、ふさわしい名前であるように思われました。

その後、それまでの二倍は彼女と接触をもつようにして、「これを私は知っている。聖書が告げてくれたから」というよく知られた歌の文句のかわりに「この子どもを私は知っている。夢が告げてくれたから」と歌いました。それでも、日が経つにつれ、彼女はだんだん私から遠ざかっていったのです。

ある朝、シャワーを浴びたあとで、枕を胸に抱いて、誰もいない屋根裏のクロゼットに駆け込みました。ドアを閉めるときに、心臓が高鳴りました。床に身をかがめ、暗いのは嫌だと思いながら、膝を抱えて枕に顔をうずめました。隣町の教会の十時の鐘がなり、車の警笛が聞こえ、それから通りすがりの人がぼそぼそと話す声が聞こえてきました。頭をあげてドアの下の隙間にある光のラインを眺め、息を吸い込むためにそこに口を持っていきました。皮膚をさすっていると、指に優しい感じがすることがわかって、体が悲しみでうずきました。「アン、この果てしなく続く年月をあなたはどうやって耐えてきたの？」涙が流れました。

たった短い時間でしたが、クロゼットに入ってみて、彼女が私の血肉となるような感じがしました。罪悪感に打ちひしがれて、四十五年も彼女のことを放ったままにしておいたことを改めて悟り、彼女が死なずにいたことが驚異的に思えました（記憶を遡れるかぎりずっと、私は暗闇を恐れてきたように思います。これが未熟なことだと考えて、それを秘密にしてきました。五十代になっても、まだそのことについて徹底的に論じ尽くすことはできませんでした。その後数年かけて、この恐怖が、それはアンの恐怖でもあったのですが、なくなりました）。私は子守唄を歌って自分自身の腕と頬をとんとんとたたきながら、きっとアンが泣き止んでくれると思っていました。彼女のために歌の節を作って、霊歌のように抑揚をつけて歌いました。「おお、かわいいクロゼットの子ども、かわいそうなクロゼットの女の子、暗いなかにそれほど長く、それほど長くいたのね。出ておいで、クロゼットの女の子、悲しみのときはもう終わり……」。スーパーマーケットで陳列されている商品を見ながら歩いているときも、コーヒーを作っているときも、信号待ちのときにも、私の霊歌を口ずさんでいました。そういう私に彼女は満足でした。

顔のない王女やアンと関係をもちながら、どの感情が誰のものなのか、しばしばわからなくなりました。楽しむ権利がないとか、生きている資格すらないと感じるようなときにはいつでも、それを王女がむずかっていると思い違えました。徐々に、それが、アンの愛を求める泣き声だとわかるようになりました。反対に、夫に対する苦悩をこぼして〔私たちの〕結婚生活をだいなしにしているのはクロゼットの少女だと思っていたのですが、徐々に、このようなかたちで侵入してくるのは王女のかんしゃくだとわかるようになりました。

気持ちを整理しながら、しばしば方向を見失って、気が違ったかと感じることが続きました。ナンシーは、この気が違っているような状態 craziness こそが、私を本当の自分 genuine〔真の姿〕にしてくれると請合ってくれました。これを乗り越えるのに何年もかかりました。というのも、コントロールを失うことに対する圧倒的な恐怖があったからです。後になって、過度に制限を加えられていたことこそ、小さな私のなかの子ども child-in-me がクロゼットから出たときに無秩序にあたり構わず散らかしてしまうもとだったことがわかりました。実際のところ怖かったのですが、彼女に耳を傾けようと奮闘しながら、私のパーソナリティの無視されてきた部分に心を留めることを学んでいったのでした。

ある午後、座ってすすり泣きながら、その涙はアンの涙だという考えが浮かんできました。衝動に突き動かされるように、顔を洗い、彼女への贈り物を買いに行くために車に乗りました。おもちゃ屋の通路を行き来しながら、金髪の青い目をした柔らかい感じの赤ちゃんの人形に手が伸びました。周囲の視線を感じながら、（実際には存在しない）孫への贈り物だと店員に言いました。家に帰ると、しばらく頬ずりするように抱いたままでいて、それから鏡の前に立ちました。誰が生きているのかしら？　私を見つめ返しているその女性？　それとも私のなかの子ども？　この時点では、それはどちらか一方であるべきで、両方ではないと思っていました。

　繰り返し鏡の前に戻るうちに、ついに、アンの姿を見ることができました。でも彼女の年齢がどのくらいかはわかりませんでした。ほかのときよりも大人に見えることがありました。彼女の目を見つめながら、何年にもわたって無視して（拒んで）きたことを詫びました。彼女の命の綱にならなければという義務感に目を覚まされる思いで、敬意をもって彼女の世話をしたのですが、それは彼女が一度も味わったことがない経験だったと思います。

　分析のなかで、私の両親が王女をほしがっていたのだと理解するようになりました。そして私も両親の王女であることに賛成していたのでした。そうすることで自分の安心を保ち、安易な生きかたを選んでいたのです。クロゼットに見捨てられたままだった子どもの夢を信じて、私は自分自身の隠された側面に徐々に気がつくようになりました。しかし、母が私を扱ったように彼女を扱うのではなく、この自然な子どもが話すのを認めるということを自分に言い聞かせる必要がありました。ほんとうにゆっくりではありましたが、私はもはや王女ではないということを理解しました。ただ、私のほんとうの自己は誰なのかは、私にもまだわかりませんでした。

6 教会を出る

Leaving the Church

教会を出て街を歩いている。五頭のロバが通りで吼えているのを見つける。なんとなく危険だと感じたが、ほとんど混乱して、道の反対側に渡る。トラがロバたちのあいだを駆け抜けて、私の後を追いかけてくる。ある家の玄関に駆け上り、くもの巣を掻き分けながら助けを求めて窓をたたく。二人の友人の女性がキッチンにいる。私の叫びに反応してやっと窓を開けてくれるまでに、ずいぶん時間がかかったように思う。でも彼らは私のことを見るだけ。私は警察を呼んでくれと急かす。一人がそうしてくれて、宇宙人のような、機械を持った人たちが現れるが、その機械はあたり一面にジュースをばら撒いている。そのジュースから私は逃げる。トラも家の後ろに逃げるのが見える。そのことをその男性に言うが、結局トラは見つからない。

教会を去るという考えは、レイラにとっては恐ろしかった。というのは、レイラが言うには、皮肉なことにも「病気」だということで受け入れられているし、自分でも属していると感じていたのが、このコミュニティだったのだから。どのような施設や機関でもそうなのだが、メンバーになるために、人は自分の考えを集団のパターンに合わせてしまう。規定された考えの文脈の中以外には、個人のための場所はない。心のバランスを求めて努力しながらも、この夢から性についての一般的な態度を思い出している。それは、特に母親から教えられ、レイラの宗教上の信仰によって強調された女性の性についての態度である。かつて絶対的な真実として受け入れられていたものが次第に力を失い、新しいイメージに道を譲っている。

夢自我であるレイラが、教会（あるいは彼女にとって教会が代表するようなもの）を去り、普通の人々が集まる場所である通りに出て初めて、別の出来事が起こり得る。そして、実際驚くべきことが起こっていた。

まず、彼女はロバを見る。夢のなかの動物は、しばしばある動物特有の特徴に関する本能的な性質を描いている。そして動物の姿をしているということは、その特徴が「人間化」していない、あるいは夢見手に意識されていないということを意味している。ロバあるいはウサギウマは、エジプトへの逃亡の際のキリスト、ソロモン、マリアの高貴な乗り物であったというのが、聖書の節にしばしば見られる。また、神がバラム〔旧約聖書の預言者〕に話し掛けたのは、ロバの口を通してだったので、ここではロバを宗教的な象徴と考えることができる。ただし、彼女が初めてロバを見たのが教会を出た時だったことを除けば〔つまりこれは、宗教的だという点と合わない〕。

ロバから連想する他の特徴は、重荷を背負わされる動物、低級な動物、頑固で愚かということである。これらの拡充は、この夢には当てはまらないようだった。その文脈とレイラの心理学的な状況とによりぴったり当てはまる別の連想がある。民間伝承では、ロバはいつも発情しているので、洗練されていない性の象徴であるという立場をとっている。

錬金術には、三つの頭を持つロバの像がある。それは、大地あるいは物質に属する daemon triunus〔三位一体の悪魔〕であり、地下の三位一体と名付けられている。五頭のロバは、方向性をもたずに動いている。五という数字は、頭と四肢の周りが囲まれている（レオナルド・ダヴィンチの見慣れたスケッチに描かれているように）人間の五角星形や感覚における全体性〔五感のこと〕の象徴である。夢はあたかも、レイラの意識のなかの「性のブラックホール」を完成ないしは補償をしているようである。

ロバが、非合理性や本能の神ディオニソスの乗り物でもあるというのは、よりはっきりとしている。それは、教育的、宗教的、政治的な制度に深く染み込んだ理性、秩序そして統御というアポロ的な立場とは正反対の、元型的なエネルギーを象徴している。ディオニソスは狂気、酩酊、万魔殿、性、エクスタシーを体現している。この神は芸術、科学、愛——創造の熱の中で感じる酩酊、エクスタシーに屈するときの愛の一瞬——の創造的な精神である。

通りを走り抜ける別の動物は、古来女神と密接な結びつきのあるトラである。エジプトの女神ハトルは、しばしば猫科の動物の姿で描かれているし、猫はアルテミスのお供をしている。北欧の女神フロイヤ〔愛と美と豊穣の女神〕の戦車は、二匹の猫に引かれていた。トラには、神聖な女性性、未熟で野性的なものとの繋がりが見られる。またしてもそれは、ゼウスがチグリス川を渡るのを助けるために送られた、ディオニソスの乗り物である。さらに、この本能的な女性性の本質のイメージ――大きい、強い、速い、美しい――が現れて、受け入れるよう要求してくると、大きな恐怖を引き起こす。そして、トラのイメージはねずみのイメージとちょうど同じものを象徴しているはいるものの、暗くて汚いところから生じてきたようなもののイメージ〔ねずみのこと〕から、美しく威厳のある力のイメージ〔トラのこと〕へと、どのようにして変化したのかについては、心に留めておくべきである。レイラが意識的に身体を受け入れることで、無意識の内容物が何か根本的に変わったのである。

夢自我が助けを求めた家は、女性たちが家庭というくもの巣に捕らえられている場所であり、そこはまさしく、レイラが〔これまでの〕人生を通じて他人に勝っていたところである。くもの巣とは、くもが、獲物を罠にかけるために紡いだもの。くもの巣は、レイラの社会的な環境と同じく手の込んだ構造になっていて、絡まらせて動けないようにする。夢見手はもはや、この環境には慰めを見出せない。つまり社会的によいと認められ、宗教的に正しい模範的な妻や母親としての役割は、もはや安全な聖域ではないのだ。

理性的な法と秩序の意識的な要素である警察の助けを借りる代わりに、他の惑星――無意識の遥か遠くの内的な宇宙――から来た、宇宙人のような人物が現れた。彼らが役に立つのかどうかはわからないけれど、「ジュース」をばら撒いているのは力強く見える。ジュースは、新しい生命を生み出すのに必要な、活力に満ちた液体である精液と類似している。その夢での彼女の恐怖はまた、男性の性を理解することとも関係している。レイラは、宇宙人（無意識からの知られざる要因）の援助を受けてトラを探すが見つからない。私は、この時点ではそれは適当だと思う。無意識からの男性的な属性が無意識に貢献するのに先立ち、彼女自身の女性性の本質の活力について、もっと意識的に理解されねばならない。そうでなければ、女性性の原理は圧倒されてしまう。内的リアリティにおいても外的リアリティにおいても、父性的な命令に限定されたり制限されたりしないように、自分自身の女性性の本質を評価し、このアイデンティティの中で自我の強さの感覚を得ておく必要がある。

西欧文化では、上品な雑誌や他のメディアが、レイラの以前の夢に出てきた試験管の女性を生み出した。つまり、父性的なイマジネーションの実験室の中で生かされ続けている二次元的な人物。女性性の自我の強さの感覚を得るには、レイラはまずこの力強いトラのイメージを直視せねばならない。夢の解決部分 lysis〔ユングは夢の構造と古典劇の構造——①場所・時代・登場人物の表示、②提示部（desis）、③急転（krisis＝決定）、④大詰め（lysis＝解決）——が類似しているとした〕は、再びトラがいなくなることを暗示しているが、それはもっともなことである。女性性の本質の力強い側面は意識によって体験されたものの、それを人格全体に統合するにはまだ時間が必要なのであろう。

この夢から、私はユングの一節を思い出す。彼は次のように述べている。

「精神 spirit」は一つの側面であり、「自然 nature」はまた別の側面である。「自然をフォークで掘り出しても、いつもまた戻ってくる」と詩人が言っている。自然はゲームに勝つべきではないけれども、負けるということもあり、えない。そして意識が、確固とした確かな概念に執着して、自分自身のルールや法則に捉われているといつも、逃れられない要求を持って自然は現れてくる。自然は単なる物質ではなく、精神でもある。もしそうでなければ、精神の唯一の源泉は人間の理性ということになってしまう。(2)

レイラ Leila McMackin

この夢を見た頃には、私は実際に教会をやめようと考えていました。これまでは礼拝への参列よりも自分のやりたい気持ちを優先させようと思ったことなどなかったのですが、晴れ着のかわりにジーンズをスルっとはいて海岸の秘密の場所にドライブしては、日記を書いていました。いま振り返ってみると、私にいかに生きるべきかを告げるような権威ある人たちはもう必要ないので離れようとしていたのだとわかりますが、自由だと感じられるようになるのは、それからずっとあとのことでした。安全でなじみのある教会という家を離れることは、怖いことで、葛藤にそうとう苦しみました。

教会の社会的活動にはまだ心を惹かれる部分がありました。私が精神性がある spiritual と感じていた女性たちに受け入れてもらったり、彼女たちとのつきあいを断念することは身を捩られるような体験で、ほんとうに孤独のほうを選ぶことができるのだろうかと疑問でした。礼拝式の美しさを失うこともさびしいことだとわかっていました。それでも、伝統的な解釈にもとづくキリスト教のメッセージでは心が満たされなかったのです。礼拝は空虚で、私が殺したいと思った抜け殻の女性の夢を思い出させるものでした。この喪失を嘆き悲しみながら、悲しみの底には、私がみた夢が私をドアの外になんとか押し出してくれるのではないかという印象がありました。

怒りが出発の火をつけました。母に対してと同じように教会に対しても怒ったのです。絶えずそれを批判して、周囲が賛成してくれないことにいらだちました。私はいつも母のアドバイスに従って家族のことをし、あまったエネルギーを集会のボランティアに使い、リーダーたる男性を損ねることのないよう気を遣ってきました。この奉仕を私は宗教的な発展と同じだと思っていました。いまや自分の自由になる時間がたくさん持てました。私の家族も友人もほとんどが、それぞれの宗派のことで忙しくしていました。向上的な活動をしたと聞くたびに、私の怒りはあおられました。

私の最大の問題は、教会の活動がなくなってしまうと、「自分」がぜんぜん無いように思えることでした。これは馬鹿げていると自分に言い聞かせました。にもかかわらず、それは事実でした。教会の恩寵なくして、自分はいったい誰なのでしょう。どうしたらわかるのでしょう?

罪悪感もありました。——歩道を歩いているときに私の牧師さんと出会い、礼拝に顔を出していない言い訳をしようとしてどもったときなど、自分の声に罪悪感が聞こえました。しばらく会っていない知人に出会って、いまはどの教会に行っているのと尋ねられたときはとくに、いやでした。非難されるのを恐れて、たいていは神経質そうに笑いながら、いまはどこにも行っていないと答えました。たいていの人は、反抗が終わればまた教会に戻ってくるだろうと思って、私の言うことをまじめには受け取りませんでした。

行く手には孤独な時間が広がっていました。譲歩しようかどうしようか迷い、ついに、立ち止まりたいと思い、私の名前を消してもらうために、教会の事務所の番号を、震える指で押しました。心の奥底で、自分自身の道を、自分自身の真実をみいださねばならないとわかっていたのです。

繰り返し、教会を離れたという後悔の念が新たに燃え上がってきました。両親のさまざまな宗教的勧誘が心に浮かびました。決心を保ちながら、両親の命令に従わないことが良心の呵責を引き起こしているのだとわかるようになりました。それから教会の集まりには数回足を運んだだけです。

しばしば、家を失ったという感情を誇張しすぎているのではないかと自分自身を責めました。結局、物質的にはいろいろと贅沢ができましたが、感情的には、歩道で縮こまっているかのように、孤立したような感じでした。一人残されるという恐怖に打ち勝つためにもがき、自分の知られざる側面にとりくむために内面へと視点を向けたのです。

これによって、セックスの恐怖と直面することになりました。その恐怖があまりに強くて、忙しいとか疲れているとか調子が悪いといってはそれを避ける習慣になっていました。夫を受け入れることができなくて、でもそれは、キリスト教徒の妻の勤めだとずっと思っていました。義務としてのセックスに反応することをやめるようになってからは、身体的な熱愛がほしいと思うようになって、もういちど助けが必要だと思うようになりました。

夫と私はセックスセラピストに会いに行きました。彼女の個人的な暖かさは私をリラックスさせ、それは私が期待していたような臨床的な試練ではありませんでした。夫に耳を傾けるうちに、私たちの考えていることの行き違いに驚きました。夫が自分の体に対して感じる自然な態度と私が自分の体に対して感じる恥ずかしさとは、両極端でした。私が不幸なのは夫のせいだと責めてはいましたが、私の傷つきは出発点でもあると理解しはじめました。自分を責めることも夫を責めることも減りました。私の背景を聞いてくれて、私が陥っている袋小路のこともわかってくれ、夫は支えてくれたのです。

そのセラピストとの各セッションで、ナンシーが私に続けるように促してくれた鏡のワークを続けることを強く勧められました。鏡の前で何時間も過ごしました。慎み深くありなさいとか、自分の体に触れてはならない、あるいは他人にも触れさせてはならないという古い警告が、頭のなかで鳴りつづけました。自分の体を拒否していた理由が深いレベルでわかるようになるにつれ、自分の体と協力することができるようになっていきました。

体感 the sensual の大切さを強調して、そのセラピストは、家でやるべき練習について明確な指示をくれました。外国語のように難しいものに感じられましたが、感覚をとおして自分を表現することで、想像力も刺激を受けました。夫も私も、おたがいに期待するレベルを低くするようにしました。課題を調節することが認められ、あまりに不安が強いときにはいつでもやめてもよいということでした。そういうことがしばしばありました。というのは、夫の筋肉のたくましさが私には夢のなかのトラとジュースを振り撒く男性のように怖いものに感じられたからです。

進歩は微々たるもので、いつも挫折するので閉口しました。セラピストのオフィスの守られた場では、自分のシルクのガウンが太ももを擦り、よい香りのするオイルを指につけて夫の背中を滑らせるところを想像しましたが、実際にしようとすると涙が出て手を引いてしまうのでした。でもくじけずに続けました。

ある朝、私がセクシーだと思った新しい黒いシーツでベッドを整えようとしているときに電話が鳴りました。友人が私をその晩にある教会の親睦会に誘ってくれたのです。それを断って、シーツをたたきながら、自分自身の仕事を喜んでいました。体感の練習はいまの私にとって祈りの形になりつつありました。

まだ恥ずかしさは残っていて、しばしば体が動かなくなりました。次第に、自分自身の体を信頼する必要があり、私の反応に綿密な注意を向ける必要があることをつかんでいきました。莫大な時間をかけて、数ミリずつ進んでいきました。優美に動いたときには褒め、臆病になったときには言い訳するようにしました。

身体的な自己は、私が待ち望んでいる安心が得られる最後の砦で、そのような観察に自分の時間を費やすことは、自分がなすべきだと考えていたこととは反することでした。何週か過ぎるうちに、なぜかそれを熱心にするようになりました。

理性に反して、セラピストの提案を実行することに対する恐怖は強くなりました。まるで、愛を交わしている最中に、私のクロゼットの子どもが縮み上がって、夫に対してはオープンになりながら、彼女を黙って慰めなければならないという感じでした。依然として夫の男らしさに私はパニックになっていたのですが、これはそれほど問題にはなりませんでした。ひどくいらいらして、自分を叱りつけました。「レイラ、大丈夫だっていうことが頭でわからないの？」でも、教育が必要なのは、私の頭ではなくて、体のほうだったのです。

夫に身を預けることができないこと、心理学的にはまだ両親のかわいい娘であったということを知るにつけ、さんざんな気持ちになりました。上品ではなく、性的な自分が許せるようになりたいと強く思いました。

自分の体にとても気楽に接している女性を見るとうらやましく思いました。出来心で、明るい紫の長方形の布を買いました。いつもの練習の準備をしている時に、衣服を脱いで、その布を体に巻いて、鏡の前に踊りながら立ってみました。自分の裸を見ることにさほど抵抗がなくなり、自分の体に触れるのも以前より楽になっていました。

それまでの自分の人生は、厳格な行動制限に専念することに費やされてきたように思います。いま、多くの変化が起こりつつあり、私の「アン」が、それまで私があまりにも充分に身につけてきた価値とは異なる価値を発達させようとしていることに、理解を示すと同時に興味をそそられていました。

7

結婚の車椅子

The Marriage Wheelchair

夫と私は大学のキャンパスにいる。私たちはいっしょに一つの車椅子に乗っている。私は立ち上がって、次のバスト《ママ》〔バスと書くべきところをバストと書いたことを指す〕を待つために遠くのバス停まで歩いて行きたいと思ったが、雨が降りそうなので心配する。

夢の中に親密な他人が出て来ることはままあるが、そのようなイメージを客観的に取るのか——つまり、実際の外界の人——、あるいは自分の内界の男性ないしは女性（アニムスないしはアニマ）の象徴として主観的にとるのか、あるいは両方としてとるのかははっきりとしない。分析を始めてからの期間が短かったので、この夢では、夫というのを彼女の外的な生活でのつれあいとして、ただ客観的に解釈した。車椅子は、レイラが述べたように、彼らの関係の非常に包括的な象徴を示している。

夢は、高等教育の施設で起こっている。これについては二つの見方ができる。①「高等教育」、意識的な理解が起こり得る象徴的な場所、あるいは、②結婚という制度が「あるべき」姿に対しての理性的、知的な態度。大学のキャンパスという象徴の二重の側面は、彼らの関係において、何が可能で何が問題なのかの両方を指摘している。

始まりのシーンで、レイラは車椅子から去りたがっている。これはつまり自分自身の足で立とうと思っているということで、意識的な成長の可能性を示している。しかし二つ目の連想の視点から見れば、結婚はレイラと夫、両者の個人的な立場を損なっているということになる。パートナーそれぞれが互いに依存していて、二人がともに人工的な手段で同じ方向に動かねばならない。どちらも自分の二本の足で立つことはできず、その関係は共生的である。

結婚のパートナーが同じ車椅子に縛り付けられていることに象徴的に特徴づけられる状況は、私たちの文化に想像以上に浸透している。もし、結婚はこうあるべきという、使い古された決まり文句を用いるならば、実際に、個としての道を見つける力は奪われてしまっている。私たちは、結婚という演出においての役者に過ぎない「夫」ないしは「妻」ペルソナの役を演じ、容易にその役にはまり込んでしまう。

結婚は、互いの尊敬と愛情の上に成り立っていれば、意識的な成長を促進する制度になり得る。このような親密な関係の中で見出し得る支えは、それぞれのパートナーが彼らの個を認めることを可能にするが、昔のパターンの妨害を伴うことは避けられない。私たちは、自分の相手はこうだと心に描いているような人物に愛着をもってしまうので、変化が生じると受け入れ難い。自分の期待に添わないと、裏切られたと感じるものである。「結婚を救う」という試みは、それに関わっている個人を救う必要性が無視されると、見当違いになってしまう。期待に基づく役割の間の関係に対抗するものとして、二人のユニークな人間同士の関係が徐々に進展していく必要がある。

レイラは、結婚の中での不具な状態、つまり「立派な男性」に世話をしてもらうという凝り固まった考えからは立ち去りたいと思っていた。バスは、人が我道を行くときの乗り物ではないものの、少なくとも行き先やそこへの行き方について、自分で決めることはできる。レイラが遠くに見たバス停は、心の中の道を下りていくための潜在的な手段として見ることができるかもしれない。しかしながら、雨が降りそうで、進もうとする欲求を遅らせる。

雨は空からやって来る清めの要素である。それは大地や物質に浸透して、成長を可能にする必要な湿り気。この清めや湿気を与える要素なくしては、私たちの身体／物質は、精神 spirit を失い、その人の人生観同様、硬くて乾いたものになってしまう。自分の足で立ち、自分の道と女性的な強さを見出すことへの恐怖で、表面的には気持ちは萎えていたが、夢自我は、バス停は視界にあるという別の選択をしている。「バスト」（フロイト派の〔いう〕言い間違い！　女性的な育む性質の象徴）を待っているというのは、来るべきものの性質の何かを示唆している。

レイラ　Leila McMackin

分析の開始にさきだって、夫と私は、国教会派の牧師をカウンセラーとして数多くのセッションをもちました。それぞれ満足できなくておたがいを責めました。結婚生活を保つという決心に歯を食いしばりながら、一緒にいるときには彼に触れ、耳を傾け、彼をさえぎらないように気をつけ、彼に馬鹿と思われないように自分で決める訓練をしました。夫はもう何年にもわたって数えられないくらいの拒絶を経験したので、もうセックスはしないと宣言していたほどです。

二十五回目の結婚記念日に、同じ年に結婚した夫婦といっしょに、再度宣誓をしておたがいの絆を強めようと決めました。準備もできて招待状も書き終えたという最後のときになって、私は約束を破ってしまいました。これが、他人の希望よりも自分の希望を優先するという最初の試みでした。いま疑問に思っていることを約束することになるから、結婚生活を続けられるとは断言できないと、神経をとがらせながら説明しました。キリスト教徒の妻としての敬虔な印象を誰に対しても与えようとする日が少なくなっていきました。

もちろん、それ以来、結婚生活には何かと問題が出てくるようになったことは自覚していましたが、車椅子の夢でみられたような哀れな状態については把握していませんでした。

この夢をみたあとの秋、ある山の高級リゾートで夫と週末を過ごしました。ディナーを待ちがなら席についているときに部屋を見回すと、私たちより年上の夫婦で部屋はほとんど満杯でした。女性は、男性に耳を傾けながら穏やかに笑っていました。何人かの男性がひどい話をしているのが聞こえてきて、つまらない皮肉に心を奪われているように思えました。

私たちが食事をしているあいだ、隣のテーブルの二人の女性が、「少女の部屋」に行くと言い訳をしていて、私もしばしば使うのとまったく同じ婉曲語法を使っていることに心をうたれました。乙女たち Maidens は黙ったままで、男性に自分は偉いんだと感じさせるようにふるまっていました。私自身、何度も同じような食事の状況を体験しましたが、表情にあらわれている、飽き飽きするような甘たるさは中身がないことの特徴なのだということを、初めて悟りました。夫も私も同じでした。――私は自分の支えを求めて彼に縛りつけられていた王女-妻であったのです。

これらの文章をじっくりと考えながら、自分の結婚の哀れな状態を受け入れはじめました。一人で歩くことを学ぶために、夫の楽しみに左右されるような自分自身とは訣別する必要があると思いました。私のなかにいる女王と完全に同一化することで、彼を女王の夫君にしてしまっていたのです。自分の役割を放棄することで、その男性自身を失ってしまうのは怖かったのですが、彼を解放してあげる必要がありました。次第に、自分が本当は誰なのかを見つけるために、その危険を冒すほうを選択しました。これは第一段階で、すぐに、女王たる妻という肖像が自分にどれほど深く染み込んでいるかということを思い知らされることになるのです。

セックスセラピーが続くにつれ、緊張はほとんど耐えがたいものになっていました。一度ならず離婚すると彼に迫り、自分を情熱的な女性にしてくれるように、それが彼の責任であるかのように、彼をあおりました。その一方、彼は、私が彼のことを男性として受け入れてくれないことに怒っていました。両方とも、実際、障害者でした。

ナンシー　Nancy Qualls-Corbett

ここまで示して来た夢は、レイラの分析の初めの三ヵ月間に生じて来たものである。それに続く何ヵ月かの間には、クロゼットの子どもの救出、夫婦間の葛藤、動物たちの訪問など、同じテーマが続いていた。

レイラの外的な生活は大きな変動期にあった。レイラは、これまでの家族や友人たちとの関わりの持ち方は偽りの見せかけだったことに気づき、彼らとの関係を疑っていた。彼女はかつて知っていた自分自身からも、また他人からも更に疎遠になっていたので、強い孤独を感じていた。この時期は、ユングが個性化の道と述べている、夜の航海あるいは砂漠の横断の始まりだった。これまでの使い古した自我の構造は消滅し始め、うまく収まった価値観と無意識から生じてきた新しいものとの間の、対立の緊張に持ち応えるにはストレスがかかった。

この時期には、レイラはもう精神安定剤や抗うつ剤は服用していなかったので、感覚や情動にはヴェールはかかっていなかった〔薬の影響を受けるということはなかった〕。次章で示した夢に見られるような、黒髪の女性像が彼女を訪れるまでには更に何ヵ月も、実際には十一ヵ月を要した。

8 黒髪の少女

The Dark-Haired Girl

私は夫と講堂にいる。夫は、椅子に巻きつくような私の座りかたに不満を言っている。私たちはその集会を立ち去り、私は黒髪の少女とベッドに行く。とても大きいベッド。彼女は向こう側に行き、私は手前側にいる。両方とも裸。もうすぐ私たちは結婚することになっているのだから、おたがいの胸を愛撫して楽しめるかどうか確かめておくほうがよい、と彼女に言う。彼女は同意して、私は彼女の胸に触れて楽しむ。ほとんど撫でているだけだったが、すこしだけ吸う。彼女の胸は私のと同じくらい小さい。二人ともとても興奮した。彼女は私の陰部を触りたがるが、今二人とも月のものの最中だからそれはできないわよ、と言う。愛撫しているあいだに、背が高くてやせていて、厳格にみえるオールドミスタイプの女性が、古めかしいコートと帽子を着て立っていて、私たちを見ている。それで、ベッドにいる相手に、これで結婚できなくなったという。彼女は理解できない。

レイラは、しばしば夫の仕事の会議に同伴しており、これが夢の中で講堂にいることについての連想だった。彼らは仕事のためにそこにいるのであって、娯楽でいるのではなかった。夢の中でレイラは気楽にしているようだが、夫は彼女の「淑女らしくない」格好に不満を言っている（実際にレイラはそれを恐れていた）。冷たくて理性的な、夫の仕事の世界からいったん抜け出すと、感情と関係づけ relating の領域であるエロスの世界に入ることができる。そこで彼女は黒髪の少女と出会い、互いに刺激し合う性的な行為をする。この少女（後に再び黒髪の女性になるのだが）は影の人物である。

私はレイラに、ユングの個人的な影の概念について――自分自身がこうだとか、こうあるべきだと思っているがゆえに抑圧されている、自我意識のイメージとは相容れない態度、価値、欲求から成る――伝えた。ユングは次のように述べている。

誰もが影を持っており、影は、個人の意識的な生に体現されていなければいないほど、黒く、色濃くなる。もし劣っていることが意識されていれば、いつでもそれを正すチャンスがある。その上、それは別の関心と結びついているので、たえず修正されている。しかしながら、もしそれが抑圧され、意識から孤立すると、決して正されるということはなく、気付かぬうちに突然意識に現れる傾向がある。(3)

影は「暗い側面」と呼ばれてきており、実際、悪の内容や、悪と感じられるものを体現し得る。しかしながら、抑圧されている素材が全て有害というわけではなく、それは生きられていない生でもある。影はパーソナリティに不可欠な側面であり、生きられることを欲している。自分の影を意識的に理解することなくしては、私たちは完全ではない。自分自身の影の中で見損なうもの――不適応、偏見、醜悪、未開発の才能――を、私たちは他人に投影してしまう。自分自身の切り離された性質を受け入れようとしなければしないほど一面的になってしまい、それはつまり神経症的になるということである。莫大な心のエネルギー――創造的な仕事に費やし得る同じエネルギー――が、影の素材を抑え込むのに必要となる。抑圧は最終的には、抑うつ状態 depression を招く。私たちは自己イメージと合わない自分自身の側面を、文字通り「抑えつけ depress」ているのだ。

黒髪の夢の少女は、レイラの持って生まれた〔髪の〕色とは正反対であり、彼女の抑圧された性の象徴である。汚さに悩まされたねずみから、解き放たれたロバ、そして野生のトラへとそれぞれのイメージは成長し、抑圧された象徴は今や人間の姿をとり、より意識に近くなっている。まだ未熟ではあるものの、〔少女は〕若い女の子が思春期に感じる、自然なものではあるけれど戸惑うような欲求を体現している。

この夢でレイラは、友達を一晩家に招いた十二歳の時のことを思い出した。彼らはレイラの母親が部屋に入って来た時に、年齢相応の好奇心から性的な遊びをしていた。母親は少女たちを戒め、取り乱してひどく困惑しているレイラを残して、その友達を別の部屋で寝かせた。この外傷的な体験は、深い心の傷になった。肉体の快楽は、禁じられた穢れた物と結び付いてしまい、本来の性的な部分 sexual being は暗い無意識へと追いやられた。この出来事はレイラの性心理の成熟に終止符を打ち、彼女は小さな王女により強く同一化するようになった。

その夢は癒しの力を持っていた。夢によって、あの外傷的な時へと連れ戻されはするが、夢見手が恥ずかしく思ったり良心の呵責に苛まれたりするのではなく、自分の肉体や性的な感情に喜びを呼び戻すことができている。二人とも小さな胸をしていていてともに生理中であるということから、影の要素にぴったりと同一化しているのが見て取れ、これは新しい生の可能性を示している。自我意識は、影の性質をより受け入れるようになってきている。これで、抑圧された要素が意識的な生に統合されるのが可能になる。レイラと黒髪の少女は結婚することになっているが――つまり一つになるのであるが――、この時ではない。

実際に起こったことなのだが、厚いヴェールをかぶったオールドミスのような母親が、自分の意見を告げ、女性性の発達の可能性を否定するために現れた。何年にもわたって積もっていた個人的な母親からの命令は、情動が強く負荷されたコンプレックスの中にあり、未だにレイラの性に対する態度を支配している。このコンプレックスからの命令は、彼女の個人的な母親同様に支配的である。このコンプレックスの暴政が倒されない限りは、黒髪の少女のイメージやこのイメージが象徴するあらゆるものとの統合は生じてこない、という見解に至る。

意識的に認めようとすると、一般的に、無意識からはそれに対抗する動きが生じてくる。無意識のコンプレックスの自律性は強力なので、戦わずしてその支配を逃れることはできない。意識における修正、あるいは新しい生の出現といってもよいだろうが、それに続いて反作用的な力が生じ、これらの洞察を奪い去る。これはおとぎ話にしばしば見られるモチーフである。

例えば『ラプンツェル』の始まりのシーンでは、王と王妃は子どもがいないので深く悲しんでいる。ある日、王妃は宮殿の壁の外にある庭園で見た珍しい植物をしきりに食べたがる。王は王妃のためにそれを盗み、後に王妃は妊娠する。その盗まれた禁断の食べ物は魔女のもので、その魔女はまだ生まれていない子どもに呪いをかける。子どもが生まれると、魔女は女の赤ちゃんをさらい、塔の中に閉じ込める。

レイラの心理学的な状況にも、それに相応するものが見られる。支配的な原理は不毛であり、新しい生は育まれない。心の王国である魂soulは、死に瀕している。要塞〔宮殿〕の壁という意識の構造を越えたところに――つまり無意識に――、あらゆる種類のすばらしい植物が繁茂している。しかし、心に栄養を与え、感覚に対して快適な植物は、いつかは食べられねばならない。女性性の統治原理がこの栄養に気づき、男性性の統治原理がそれを獲得する。そして懐胎し、新たな命が約束される。これは自分と他人に対する新しい態度の懐胎でもある。それらが意識へと現れてくる時、つまり「誕生」の時に、自律的な母親コンプレックスを象徴する魔女は、それを取り戻しに来る。

レイラと黒髪の少女――自我と影――の「結婚」ないしは統合が起こる前に、魔女のような母親コンプレックスと向き合わねばならない。

レイラ Leila McMackin

私の歳老いた両親は急速に衰えていて、ときたま車で二時間かかけて彼らの世話を手伝いに行くくらいしかできなくなっていました。まだパニックに襲われていましたが、ナンシーの示唆で、車がなじみのあの角を曲がるときには、母の支配から自分を守ってくれる円が体を囲んでいると想像することにしました。

この円は、自分のしていることを母につい説明してしまうのを防ぐ働きもしました。説明してしまうという衝動は十代の頃から悩んできたもので、結婚してからも続いているのです。私はいつも、母の手はずによって私が参加した社会的行事や組合の集会で起こったことを、細かいことまで正確に母に報告してきました。母が私たちの家に来ることになると、何日もかけてテーブルの上の小物を並べ替え、本棚の本も母が気に入るように並べて、目に見えるところすべてを掃除しました。母の車が車道を走って来るのが聞こえると、私は半狂乱で全身をチェックして、鏡の前で髪が整っていることを確かめたものです。私は彼女の褒め言葉のために生きてきて、それがなくなればどんなことになるかなど一度も考えたことがなかったのです。

魔法の円に守られて、充分リラックスできていたので、彼女を綿密に見ることができました。他人の人生について述べるときには、母は、常に、一緒にいて楽しく満足させてくれる人、家族の言うことをよく聞く人、センスがよくて家を素敵に飾っている人のことを誉めていました。私は椅子に座っていて、とても苦しい思いでした。ついに私は、自分が母に誉めてもらおうと苦悩してきて、母の「お眼鏡にかなう」ことができないことを絶えず恐れていた、ということを認識したのです。

その後何度か訪ねるうちに、私の防御は固くなり、この人物を続けて観察して、いまや陳腐な太った怪物に見えるようになりました。若いときから太っていた彼女は、関節の痛みを患い、歩くことが徐々に難しくなっていました。私は彼女に気持ちを向けることをやめようとみずから言い聞かせました。それでも、彼女と一緒にいないときでさえ、不快な自己審査が残っていることに気がつきました。ナンシーはあら捜しをしようとする女性が私自身の心のなかに存在しているのだと指摘してくれたので、私は彼女を蹴り出そうと決心しました。

そのことがあってから、実際には事態は悪化しました。いまの写真を調べて、母が望んだような巻き毛になっていないことにたじろぎました。食事を作っても、母が思っていたようなものになっていないことがわかるとがっかりしました。友人と話をしても、母が賛成してくれないと心配だと言って、友人を残念がらせるだけでした。そういう自己拒絶は毎日のように生じて、母のものさしに従う必要はないとみずから言い聞かせて、母の教えを無視しようと格闘しました。しかし、そうしようとは思うのですが、できませんでした。母の従順な僕となっていたのです。

　夢のなかで不満げなオールドミスタイプの女性が母だとわかり、実際にも、私のなかで芽を出しつつある性《sexuality》を見下してきたとわかったときに、あらたに怒りが湧いてきました。

　この批判的な鬼《ogre》に対する嫌悪で消耗し、日記に書き込みをしましたが、それは、私と友人が母の侮辱によってどれほど傷ついたかを彼女に思い知らせるためで、そのとき受けた魂が押しつぶされるような恥辱は、それ以後何年も私から離れませんでした。私はナイフで彼女の腹を切り裂いてやりたいと思いました。太った形を描いて、ペンで刺し、その頁をシュレッダーにかけました（抜け殻の女性を殺す夢と非常に似ています）。

　私の憎しみは日記だけではおさまりませんでした。耳を傾けてくれる人には誰にでも、彼女がどれほどひどい人物だったかを話しました。徐々に、私の不幸は、私を生んだ女性ではなくて、否定的な母親コンプレックスによるものだとわかってきました。その両者を区別することは難しかったのですが、じきに、血の通った母親に対する私の依存心が、自分自身のなかにある活力をみいだそうとするときにそれを奪ってしまう魔女なのだ、と掴んだのです。ずっとあとになって、莫大なエネルギーの瘤である、コンプレックスの影響こそ、個人的な母親の影響よりもはるかに大きく、本質的には私の人生を仕切っていたのだということを見分けられるようになりました。

その間、私の生まれた家の「女王」を非難しました。そう名づけたのは、顔のない王女について書いているときでしたが。彼女はどこにでも目を光らせているかのようで、その状況についてユーモアの感覚をもてませんでした。さらに、私を支配したいという彼女の欲求はみられたのですが、かなりのあいだ、他人を支配したいという私自身の欲求があるということは主張できませんでした。批判したくはないのに、しばしばそうしてしまい、声に出さなくても自分自身も批判しました。母がやったのとまるで同じように、私は自分の近くにいる人たちを審判して、私の「お眼鏡にかなわ」ないと感じていたのです。彼らの無能さをさらすために、会話を彼らが嫌がる方向にもっていくことによって、抜け目なく他人を見下して口をつぐんでいました。

愛する心を軽蔑していたわけではないのですが、私のなかの否定性が勝り、これを自分に認めるのがやっとでした。何年もかけて学んだことは、私が夢のなかでほんとうに自分のポジティブなイメージを体験できたときには、批判的な態度はその力を失うということです。

ある午後、驚くべき光景を目にしました。看護師が私の母を持ち上げようとして毛布をわきに引っ張ったときに母の膨れた足が剥き出しになりました。看護師が言うには、母の足は石のように固く、お薬の入ったローションでいくらさすっても、ぜんぜんやわらかくならないとのことでした。気分が悪くなって私は目をそらし、最近読んだ神話が心に飛び込んできました。女神ヴィーナスは、自分たちの体を軽蔑するものを石に変えるという神話でした。

私は医者に母の足について尋ねました。医者は、これまでそのような例は見たことがなく、原因もわからないといいました。私にはわかりました。分析のなかで、私の性《sexuality》を否定したらどういう不幸な結果になるかということがはっきりしはじめていた頃だったので、私が母のようなことを続けていたら、自分の体にどういうことが起こるのかを目の当たりにする思いでした。昏睡状態に陥る直前まで、母は自分の足を嫌い、ふわふわしたひざ掛けで足を隠すよう、看護師に指示していました。

9 あのポットは沸騰している

That Pot Is Boiling Over

見慣れない浴室で髪を洗っている。黒髪の口ひげを生やした見知らぬ男性が入って来て、私を見かけると、申し訳なさそうに背を向けて出て行く。私は大丈夫ですよと言うために彼の後を追いかけていく。ベッドに戻ると、その男性が窓の外にいるのが見える。彼は壊れた窓ガラスを取り替えている。彼は私の部屋に入り込んできてベッドの上に立つ。私は怒り、彼がシーツを汚してしまわないかと恐れる。私はベッドルームから歩み出て、コンロを通り過ぎて、「あのポットは沸騰している」と言う。平らな頭をした恐ろしい巨大な蛇がポットから顔を出すのが見える。私は怖くなり、大きな木の小屋に走って逃げ込む。

夢は浴室で始まっている。レイラは、身体に悪影響を及ぼし続けている「老廃物」を取り除かねばならないということを考えるならば、これは気味が悪いくらいぴったりである。頭髪は、態度やふと思いつく考え、そしてファンタジーの象徴。それはまた、（サムソン〔怪力・剛勇のイスラエルの士師〕と同様に）強さと美（その人の「最高の栄光」）にも関係している。洗髪は象徴的には、私たちの強さや美を汚したり鈍らせたりするような態度を水に流すこと。レイラの心理学的な洗髪には、見捨てられた内的な子どもを見つけること、性を探求すること、否定的な母親コンプレックスと向き合うこと、が含まれている。それらの困難な課題が成し遂げられてようやく、洗い流すというプロセスに別の心的要素が入り得る。

見知らぬ人（ではあるけれど、以前の夢の宇宙人というほど異質ではない）が、予期せずしてやって来る。女性心理学において見知らぬ男性というのは、ユングが精神を意味するラテン語、アニムスと名づけた側面。それは彼女の心の、反対の性の側面であり、彼女の内的な男性である。どの元型もそうだが、アニムスには二面性がある。アニムスの肯定的な側面は、洞察力と集中力をもっていて、しばしば女性の創造性と繋がっていることである。アニムスは、女性の無意識的な創造の源泉に意識の光を照らす。

アニムスの否定的な側面は、規則に縛られた仮定や、意見や権力への欲求に現れる。また否定的なアニムスは、関係性の原理であるエロスを破壊する。アニムスが意識に侵入し支配すると（これは巧妙かつ誘惑的になされるのだが）、アニムスにとりつかれることになる。そうなると、正義を盾にして怒る、理屈っぽくなる、硬くなる、他人の価値を下る、口やかましく言ったり狭量になったり――関係づけるということとは対極である――、として典型的に現れてくる。

意識の「窓」を破って入って来る男性のことを、レイラは知らない。予期せずして現れる見知らぬ人というのは、おとぎ話によく見られる別の元型的モチーフである。『美女と野獣』では醜い野獣の中に見知らぬアニムスが入り込み、貧しい父親に娘の見返りとして多大な富を約束する。自分に必要なもののために、父親は女の子を捨てる。そして約束通りに、莫大な財産がもたらされるのだ。物語の最後に、娘がその野獣に対して共感し、愛情が感じられた時、彼の呪いは解け、変身して男らしい王子の姿に戻る。おとぎ話の野獣も、レイラの夢の宇宙人と似ている。彼は、異質で無意識的なあの男性のエネルギーであり、好意をもって見られねばならない。しかも『フィッチャーの鳥』という別のおとぎ話に見られるように、支配欲が強くならないためには、それは女性の意識に根づいていなければならない。

この物語では、見知らぬ人は、食物を乞う乞食の姿でやって来る。貧しい父親は娘に、パンの切れ端を与えるように言う。というのも、それが分け与えられる全てだったのだ。しかし、その見知らぬ人に触れるや否や彼女はすぐさま彼が背中に担いでいる籠の中に入れられてしまい、人里離れた城へと連れ去られて行った。そこで目にしたのは、富ではなく幾体もの女性の死体だった。最終的には、娘は機知で何とか死の館から逃げ出す。

アニムスのもつ二面性は、一人の女性の中で、状況次第で肯定的にも否定的にもなる。硬貨の両面のように一つの側面は心理学的な成長を促すし、もう一つの側面は監禁や憑依を引き起こし、女性のエロスを殺してしまう。一方では、役に立つ解決、古い問題への新しい洞察ないしはエネルギッシュな発想の開花をもたらし、他方では破壊的な行為、痛烈で人を傷つけるような言及――「無知な」風刺 innuendo さえ行う――といった具合に、アニムスの二重の性質が明らかになる。自律的に口からこぼれて束縛を脱したような言及や反応に対して、意識して注意を払うことは、女性がアニムスの二つの側面を分化していくのに役に立つ。多くの経験を経た後、適当な時に、自分自身と自分の中の男性的な要素との新しい理解に至るのである。

『美女と野獣』と『フィッチャーの鳥』の両方に顕著な点は、娘ないしは未熟な女性（つまり小さな王女だが）は、女性性に気づかぬままに、心理学的に貧困な人生を送らなくてすむように、父親の領域の守りを去らねばならない。〔ここでいう〕父親の領域には、個人的な父親の娘に対する愛着だけではなく、政治、大学、宗教的な協会、商業、といった父性的な構造も含まれる。アニムスの行動はいつも変化を煽る。アニムスは男性的なロゴスと女性的なエロスとを見分け、洞察する光をもたらすこともあれば、他人と関係をもつ時に、魂soulが表現するあらゆる属性であるエロスから女性を切り離してしまうこともある。

夢に戻ると、見知らぬアニムスは窓の修理人としてやって来る。つまり彼は外的生活の視界を遮る、壊れているかあるいは曇っているかの窓ガラスを取り替える。ベッドに戻り、夢見手は彼女の新しい側面に対して（クロゼットの子どもの夢においてと同じように）目を閉じたいと思っている。しかし一度はっきり見えるようになると、彼女の無垢や静けさの場は、もはやそれほど純潔であったり純粋であったりはしない。生じてきている変化に気づかずにはおれない。彼女が去っていく時に、ポットが沸騰している。それは、強烈な熱ないしは熱情を象徴している。

コンロというのは、栄養と満足を得るために料理を用意するところ。私たちは生《なま》の素材を得て、口に合い消化できて滋養になるものへと変える。それは心理学的な理解においても同様である。私たちは生《なま》の情報、考え、ファンタジーを得て料理をする。私たちの心が消化し、〔それらから〕栄養が得られるように、これらの出来事がちょうどよい出来具合に姿を変えるまでの待ち時間――電子レンジではやらない！

――がある。レイラの心理学的な容器の中では、彼女は蛇を料理している。それも巨大なシュルシュルと音を立てている蛇を。

レイラと私は、蛇の力強く勢力のある象徴について話し合った。太古以来ウロボロス――蛇が自分の尻尾を食べている姿にイメージされる――は、誕生、死、そして再生という生命のサイクルを象徴していた。これは、肉体的な生のことだけではなく、心理学的な生についても同様に物語っている。最も完全な意味においての生は、円環をなし、恒常的に変容している。使い古され、無理強いされた文化的な理想、過去の生に対しての見方、女性に関しての時代遅れの信念は、新しい始まり、想像的な反応やインスピレーションに取って代わられる。

蛇についての同じような連想が、タントラの実践の中に見出し得る。脊柱の基部には、クンダリニーと呼ばれる潜在的な力が蛇のようにトグロを巻いていると信じられている。瞑想や他の訓練によって、この形式のヨガは、最終的に悟りに達するまで心の力を増しながら、六段階のチャクラを通って上昇できるように、クンダリニーを目覚めさせることを目的としている。第一段階、あるいは基本のチャクラは、ムラ、ダーラと呼ばれているが、生殖器の領域に位置し、性的な反応を通してクンダリニーはその眠りの状態から起き上がる。

蛇はまたファリックなあるいは創造的な力の象徴でもある。逆説的に、キリスト教の到来とともに、エデンの園の誘惑者ということで、蛇は悪者として価値を下げられた。そのファリックな形態は男性的な性を暗に示し、それも悪として恐れられている。

レイラの中では、新しい意識の構造の成り立ちは明らかに誕生、死、再生というこの勢力的な象徴に関係している。蛇はまた、見知らぬアニムスの男性性と男性の性を認めることと、創造への可能性を暗示している。ポットの中、つまりこの強い男性性のイメージを中に入れている女性性の容器の中では、材料が料理され変化が起こりつつある。新しいイメージが意識に来ようとしている。夢の中のレイラはその状況から逃げ出そうとしているが、心の中に記念すべき動きがあるのは確実である。

レイラ Leila McMackin

夫の求愛に応えたいという思いはいつもありました。でも、努力にもかかわらず、自分の体への羞恥と夫の体への恐怖とは続いていました。体が遮断されて、熱情が空《から》になったかのようで、どうすることもできないことが続きました。この夢を見た夜に、ある特別な祈祷の奉仕に参加して、祭壇の手すりのところで跪き、私の傷ついた性のために、手を置いて祈ってもらうよう牧師に頼んだのでした。

情熱のファンタジーがまもなく私に取りつきました。何かが胴体を滑りあがっていくのを感じましたが、それを夢のなかの蛇と関係づけることができたのは、ナンシーとクンダリニーについて議論を交わしたときでした。私の夢自我は走って逃げましたが、それでも私のイマジネーションはちゃんと働いていました。性的な蛇はけっして遠くには行きませんでした。というのも、それが私のなかと周りに巻きついているところを思い描くようにしていたからです。しばしばベッドに三人〔自分と夫と蛇〕いるように感じましたが、この官能的な時期には夫と私のあいだの交合は高まりました。蛇がよい兆しであることを知るようになり、夢のなかのポットに出てきた蛇を神聖なものと賛美しました。

チャクラについて読み、それを記憶にとどめて、それにそって自分のなかで動かしてみるように心がけました。しかしまもなく、現実には私の知性がそうすることを拒み、本を閉じてしまったのです。

ひげを生やした見知らぬ男性は、悪人らしい顔に見えましたが、彼は優しかった。彼は誰なのでしょう？

実際、まったくわかりませんでした。

日々しくじりながら、私は、自分が車の後部座席で固まってぎこちなく手探りする青年のようだという思いと戦いました。これが私の心理学的現実なのだと受け入れる動きがみられるにつれて、私の批判的な態度が和らいできました。台所のテーブルに座って、私のクロゼットのアンが、もう十代になっていたのですが、向かい側の席に座るところを想像しました。馬鹿げたこととは感じられましたが、彼女が、最愛の娘であるかのように話しかけ、彼女の性について尋ねてもらいました。彼女がうまくやれないことを優しく笑って、彼女に理解を示しました。私はこの年代の、不安定で傷つきやすいこの少女を可愛がりはじめていました。

私は、クロゼットの子どもの夢と取り組むなかで、彼女が泣いているのが聞こえて、急いで赤ちゃんの人形を買いに行ったときのことを思い返していました。そのとき、私は鏡のなかに、女性と泣いている少女とを見たのですが、どちらも自分自身でした。生きているのはどちらだろうかと疑問に思いました。いま私は、どちらも並んで生きていることがわかります。同じように、女性と思春期を迎えた少女とは私の意識のテーブルに座っていたのです。

その間、自分のファンタジーに入りながら、自分自身の問題で夫を責めることはやや少なくなりました。私がもうすこしで、できるかぎり素直な自分自身になれそうなときにはいつでも、血液が骨盤から上がってきて、私はそれを神聖なものとして大切にしました。男性のハートに至るには、女性は自分自身のハートに対する情熱《passion》という道を通らねばならないことを学びつつあり、自分のハートは、両足のあいだにあって、全身に向かって拍動し、ポットの蛇の可能性、つまり私のクンダリニーが、上がってきていると思い描いていたのです。

10 粘土の鏡

The Clay Mirror

夫と私は、汚れた道をドライブしている。脇道がたくさんあるが、正しい道を見つけられない。田舎のはずれに街の標識があり、これは変だと思う。夫はいらいらしている。私は混乱している。どこまでも、どこまでも運転していく。彼は手でハンドルをどんどんたたく。私はどの道を進めばよいのかずっと目を光らせている。ひどい暴風雨だ。

もう夫は私のそばにはいなくて、私は駐車中の車のなかで、私が見つけた迷子の子どもたちといっしょにいる。びしょ濡れになりながら、私は、濡れた子どもたちを車に押し込んでいる。それから私は運転席に座り、ふたたびびしょ濡れになったが、今度は、私は男になっている。雨のなかに小さい丸い手鏡があるのが見える。それを拾いに行って車に持ち帰り、それが鏡ではなく、丸い平らな粘土板であることを知る。自分の姿を映すことができない。

この夢の、どこかわびしい場所で迷子になっている感情的色合い feeling-tone は、レイラが外的な生活の中で体験した情動と似ている。彼女は、「自分が誰なのかわからないし、どこへ行こうとしているのかもわからない」と感じながら、混乱し方向を失っていた。

夢の中に映し出されている夫の位置――彼は運転席にいる――については、レイラは疑問に思わなかった。随分探し回ったものの、二人とも道ははっきりわからない。どの道に行くのだろうか？　何が彼らの究極の目的なのだろうか？　彼らは田舎にいる。そこは知られていない、開発の進んでいない場所。街の通りの標識は役に立たず、よけい混乱を増すだけだ。彼らにとって慣れ親しんだ地名は、そこに来る前にいた文化の中心を示すだけで、〔これから〕行くべきところを示してはいないからだ。彼らは希望を失って迷っていて、それは彼らの結婚生活の状況を反映していた。

彼女は一人で、幾人かの迷子の子どもたちを集めており、それはちょうどクロゼットの子どもの悲しみが増大したかのようだった。ここで彼女は、車椅子の夢の時のように、雨のことを心配してはいない。彼女は、土地を肥沃にする空の精神〔雨のこと〕ですっかりずぶ濡れになる。彼女自身の成長しつつある若い側面と同じように。運転席に座り直すと、レイラは男性になっていた。つまりまだ前に進んではいないけれど、彼女の内的な男性性の属性を使って、自分の方向へ行くのを引き受けたのだ。そして、土でできている粘土の鏡を見つけるが、その中に自分の姿が映っているのは見えない。

慎重に運転席に戻り、土地を肥やす男性性の精神 spirit の水分で豊かになり、迷っている生の創造的な核心 essence を集めて世話をすることは、レイラの個性化の道を前に進んでいくことである。結婚の車椅子の夢から思えば、とても大きな前進である。彼女は意識的に大きな一歩を歩んでいるのだけれど、逆にレイラは身動きがとれない——ちょうど彼女の車が泥にはまっているように——と感じている。これまでの彼女のイメージは消し去られたが、まだ新しいイメージはできていない。彼女は、かつてそうだった自分〔もの〕とやがてなるべき自分〔もの〕との間で、どっちもつかずのところにいる。分析において、迷ってしまったとか途方に暮れたと感じるような時期は、とても大変ではあるけれど、どうしても必要なのである。

レイラ　Leila McMackin

ほとんど耐えがたい無の感覚で目を覚ましました。まるで右側から生が、左側から死が引っ張っていて、私はどちらにも手を出せず動けないというような感じでした。絶望し、自分がまだ抜け殻の女性であることを思い知りました。それまでの進歩にもかかわらず、まだ彼女から抜け出ていなかったのです。

夢にふたたび入っていくために、ベッドの上でインド風に足を組み、手で輪をつくって置きました。そしてそれを見つめようとするのですが、なにも見えませんでした。この粘土の鏡は、私が体験していた虚無を象徴していたのです。

ナンシーはそれを希望のイメージととらえましたが、わたしは自分がそういう状態にあることを知って茫然自失し、そこからポジティブなものが出てくるとは考えられませんでした。この夢を検討するときにはナンシーの前向きな思いをとりいれようと努力して、私の手には粘土があるのだから、それで形を作ることができるはずだと自分に言い聞かせました。疑念のほうが勝り、何年にもわたって、もうすぐ抑うつから抜け出せると考えても、どんどん底なしの穴のようなところに沈んでいきました。ナンシーを信頼し、彼女も私の心psycheを信頼してなんとか踏みとどまっていましたが、依然として、人生に対する恐怖はありました。

私はエネルギーを振り絞って陶芸教室に参加するようになりました。実際の粘土に触れることが助けになるかもしれないと思ったからです。粘土をろくろ台の上に投げつけることから始めました。手を安定して置くことができなくて、また手が汚れるのが嫌で、第二クラス以後は戻りませんでした。この挫折が、大地から自分らしさを作り出すことができない証拠だと考えて、二重に絶望しました。

一方、他の人たちがせわしないスケジュールの話をするときには、自分自身をつまらない人間だと感じなくてすむように、私も忙しくしました。時計を見て、『病院の委員会に行かなくてはならないわ』と言ったり、『図書館で教えることになっているの』と言ったりしました。それは見栄のように思われました。だって実際には夢をタイプしたいと思ったり、それを解読しようとしただけなのですから。これが事実私の現在の生活なのだと理解することができなくて、自分のことを病気で劣ったものだと見ていたのでした。

自分自身の方向を見つけるのは、本当に困難でした（地に足をつけねばならないことはわかっていたのですが、頭ではわかっていても、大地がそこにあると確信がもてなくて、それとつながっていないように感じていたのです）。ナンシーはしばしば家事をやるようにと言うのですが、こう言われると私は激怒しました。ほかのことをする価値はないというの？（という気持ちになるのでした）。それでも驚くべきことに、銀食器を磨いたり、お皿を洗ったり、トイレを掃除したりするリズムが、とくにトイレ掃除のリズムが、私の足を地につけたものにしてくれました。

ある日、「あなたは私の母ですか」という疑問がどこからとなく、よく知った曲のように、しつこく浮かんできました。私が子どもたちに呼んで聞かせたそういうタイトルの本を思い出しました。それは、巣から落ちたひな鳥が母親を探す旅のお話でした。それは、ここではアンや、迷子になった夢のなかの子どもたちの物語で、彼らの母親である私を探そうとする話でもあったのです。

夢の後まもなく、とくに意図したわけではないのですが、四つの茶色のソックスをつかみ、なかにぼろ布を詰め込んで、ウサギの形にしようとしました。それを、たんすの引出しのなかの積み重なっている衣服の下に隠しました。家で一人になった最初の朝に、それを助け出そうと急ぎ、『大人になりなさい、レイラ』と自分を厳しく責めました。アンが『私の大地のウサギを私から取り上げないで』とささやくところを想像することができました。この要求を神聖なものと感じながら、私は声に出して言いました、『娘よ、あなたのウサギのところにお行き。あなたから取り上げるなんてことはしないわ』と。私はそれを引出しから取り出しました。『あなたは私のママなの？　大地のウサギちゃん』と私は尋ねました。それをしっかりと抱きながら、慰められました。

私のなかの一部は、自分の行動を気がふれたものだと考え、また別の部分は、そのように語りかけることが必要だと思っていました。両者の葛藤は果てしないように思われました。狂気《craziness》に陥る危険も承知していましたが、やらねばなりませんでした。

無視された子どもたちをなだめるために、私が一人になったときには、その本をじっくりと読んでウサギを撫でました。その後何ヵ月かにわたって、粗野な真似ごとは、孤独のただなかにいるときに心を落ち着かせてくれました。波の音を聞くために貝殻を抱いているかのように、肩と耳のあいだにそれをはさんで、大地の音を聞こうとしました。この小さい動物のおもちゃを可愛がりました。私はそれを、自分の内的な子どものために作ったのですが、いまはそれ以上のものとなっていました。茶色のソックスに示されるように、大地の切れ端を使って、復活祭の季節の象徴を作り出したのですが、それはまさに、心的な粘土を使って自分自身の新しいヴィジョンを作り出すかのようでした。

復活祭の朝、海岸にドライブし、霧雨のなかを濡れながら、私は二、三時間歩き、泣きました。心が落ち着いてから家に向かいました。高速道路を数マイル走ったところで、ヒッチハイカーが道路の脇に立っているのが見えました。――背が高くて、ほっそりとした黒髪の若い女性で、オレンジ色のレインコートを着ていました。見知らぬ人を乗せるという危険を警戒して、スピードを出して通り過ぎました。でも少し走ったところで、考えることもなくUターンをして、彼女のために車のドアを開けたのです。

彼女は私の隣に乗り込んで、教会に行く途中で、そこで聖歌隊で歌うのだといいました。その近くになって、混雑している旋回橋のところで、渋滞に巻き込まれました。おそらく長く待つことが予想され、二人とも雨に濡れて体も冷えていたので、マクドナルドに入りました。コーヒーのお金くらいはありました。なかから、降りしきる雨を見つめながら、話はためらいがちで、名前さえ名乗っていませんでしたが、彼女といて心地よいと感じていました。

あとでこの偶然の出会いを振り返りました。なにが私を突然後戻りさせたのでしょうか。たぶん私は、自分の道を行こうとしている孤独な彼女と同一化したのだと思います。自分は、彼女と同じように孤独でいられるでしょうか？　彼女のなかで、なにか私自身の真の核心のようなものと出会ったのでしょうか。彼女といるほうが、かつて礼拝の奉仕で歌ったハレルヤよりも意味があるということだけはわかりました。

自分の進歩を味わい、自分自身に責任をもつようになったことを感じたあとは、必然的に、無力感を体験しました。ナンシーと私は、「待って、なにが起こってくるかを見る必要がある」ということをいっしょに認めることができるだけでした。

11 庭の壁

The Garden Wall

友人と木製テーブルに着席して、彼女にお母さんの具合はどうかと尋ねる。母は食べようとしないので体重が減っていると彼女は言う。友人の娘と床に座る。手をおたがいの手に重ねる——私の手は彼女の手と同じくらい小さい。じろじろと見て驚く。それから外の庭にいる。大きいレンガの壁が後ろにある庭だ。小さな茂みがあり、鮮紅色の花が、トケイソウpassion flowerのように咲いていて、壁の上まで伸びている。友人の母親が車で走り出ていくのが見える。それから、庭の隅に大きな木が生えているのが目に入る。壁はその木のところで終わっていて、木立のあいだから壁の庭の向こう側を見ることができる。

レイラの友人〔知りあいの女性〕についての連想は、母親の重苦しい影響を受けながら生きている、ちょうど自分自身のようだということだった。レイラの手はまだ小さな子どもの〔手の〕ようで、比喩的な意味で、彼女の中の新しい成長を摑んだり捉えたりできない。しかし、母親の重みが減りつつある〔体重が減っている〕のは有望な兆候である――つまりレイラの意識的な生活を支配していた、情動の負荷のかかった自律的な声がその力を失いつつあるのだ。依然としてレンガの壁で閉じ込められているか、あるいは、〔壁に〕ぶつかってはいるものの、彼女はトケイソウの茂み〔直訳すると「情熱の茂み」〕passion bush〔passion flower はトケイソウの意。また Passion は十字架上のキリストの受難。この花の各部がキリストの十字架上での傷、茨の冠、その他、受難の跡に喩えられたことからこの名がついた〕を見つけ、〔それは〕精一杯頑張って壁の上に達している（レイラも私もトケイソウといったような植物があるとは知らなかった）。

母親が車で立ち去って（あるいは母親コンプレックスを追い払うことができて）初めて、庭の隅にある大きな樹が彼女の目に入る。これは下界に根を張りながらも、その枝は精神〔霊〕的な spiritual 領域に達している宇宙的な生命の樹である。私たちの心についても同じことがいえる。根は無意識の中にあり、健康的な心の成長と精神〔霊〕的な spiritual 理解を育てる。その立派な樹はまた知恵の樹でもあり、それは意識のシンボルである。

レイラの状況は、知恵の樹からりんごを取って食べたアダムとイヴの話と似ている。意識するようになるや否や、エデンの園、つまりあの無垢で子どもらしい依存と信頼の体系から〔レイラは〕追放された。

賢明な老分析家は私によく次のように言った、「天上のエルサレムの門にたどり着くにはエデンの園を出なくてはならない」と。私はレイラに同じことを言った。その広がった枝の間から彼女はエデンの園の外の世界を見ており、それまで制限されていた彼女の生に対しての視界がようやく開けた。情動的な本能〔全てはトケイソウの茂みに象徴されているのだが〕――愛、憎悪、官能、恐怖それに喜び――を体験できるや否や、彼女は内面からの感覚、意味の深みを見出したのである。彼女は自分の魂を見つけたのだ。

レイラ　Leila McMackin

目覚めてベッドに横になっていると、夫が洗面台に寄りかかってひげをそるジーンという音が聞こえてきました。枕にもぐりこんで、私自身もそうだとわかっているぎこちない神経質を隠したいと同時に共感したいと思いました。いまのままの私〔このままの人間〕でいることもできないし、進んでいくこともできないという中間の状態limbo〔地獄の辺土――地獄と天国の間にあり、洗礼を受けなかった子ども、異教徒などの霊魂の住むところ〕を漂っていました。

突然、夢自我が赤いトケイソウをほめていたのを思い出して、飛び起きて、決心し、手足が興奮して震えました。私はバスルームのドアをノックして彼をシャワーに誘いました。水が触れるとアンは不安になりました。私の手を彼の腰に回して肌を密着させ、息を吸い込んで彼女〔アンのこと〕／私の気持ちを落ち着かせました。いらいらするかわりに、この要求されていた課題を実行できた自分を尊重しはじめました。

私は何年にもわたって、長すぎるくらいその庭〔エデンの園〕にいたのだと理解しました。私が善良でやさしくしていれば、ものごとが自分によい方向に進むという思い込みを超えて行く必要がありました。生に対するこの素朴な立場は確かなものではなく、そこに無意識的に滑り落ちないよう慎重になる必要がありました。

しかしながら、内なる迷子に対する配慮から、彼女の成長に気を配ると同時に、中年女性としての自分の生を体験するにはどうすればよいかいつも混乱していました。毎日、私は自分の苦境をできるかぎり改善し、夢のメッセージを信頼しようと決意しました。

この特別な夢が私に語ってくれたのは、その庭から逃げることが私自身の情熱によって生じるということで、私の夫に対する接近のなかで、私は、壁の赤い花の横に自分が枝を置く場面を思い描いていました。プライベートな儀式をおこないながら、私はリラックスして彼の愛撫を受け入れることができました。彼の腕が私を支えてくれて、私は安心感を味わいながら、官能という言葉を学びました。

過去からの羞恥が出てくると、子どもの頃の友人とか、恐ろしい母の姿の場面が意識に蘇ってきて、自信を失いました。黒髪の夢の少女に届こうとして、私は二人がベッドで遊んでいる場面を想像しました。私の熱望が私を大胆で革新的にしていきました。彼女と夫の両方と、情熱を込めて、愛を交わすことを計画しました。

次第に私は、それまでの人生をずっと、かわいい王女のファンタジー世界のなかで過ごしてきたという事実に目を開くようになっていきました。この仮面をはずすことで、しばしば立ち往生し、夫や他人と関係をもつことができなくなっていたのでした。私が大切にしていた価値体系が崩れ去ったのですが、生きるよすがとしての新しい信条はまだもてなかったのです。

12 難民

Refugee

私は、ある大きな教会の地下の忘れられた空間にいる。数人の人が石のような穴に収監されているのが見え、入り口の向こうには鉄の扉がある。その一人は、細い足で坊主頭の、小人のように小さい見慣れない姿をした男だ。彼はある博物館の館長である。彼に話しかけるために、牢のような穴に入って振り返ると、ちょうど私を閉じ込めるために扉が閉まるのが見える。私は扉が閉まる前にかろうじて逃げ出すことができる。私はその教会から逃げて、広い道にいる難民の群れに加わる。どこに向かっているのかわからないが、行かなくてはならないことだけはわかる。難民のなかには車に乗り込んでいる者もいる。私は気が動転して慌てる。というのも、車が私を置いて行こうとしたから。私の場所はない。一台の車が、比率を満たすために子どもが必要だと言っている。サリーをまとった黒い肌の女性が、衣の下からスーツケースを取り出して、それを、赤ちゃんを巻くように長い布で巻いて、これが赤ちゃんだという。布を巻かれたスーツケースが車に渡される。私は、群れのなかの誰かに励まされて、自分の道を行く。その布がスーツケースから落ちたときに、ほんとうに美しい赤ちゃんになっていたのを見てとても驚く。

この夢を見る二、三日前、レイラが急に思わずヒッチハイカーのために車を止めたのは、おそらく共時的〔な出来事〕であろう。というのは、そのヒッチハイカーの若い女性は、広々とした道路に一人ぼっちで、まるで難民のようだったのだから。

この夢から私は、あるヨーロッパの大聖堂を思い出した。地下二階の霊廟が地面に掘られ、そこに並ぶ石棺には、その中に眠る名声ある人の肖像が彫られている。霊廟にはほのかに光が照らされていて、かび臭い。崇高な外観の宗教的な建築物の下にある穴という環境は、レイラの状況そのもののようだった。心理学的に、彼女は活気がなく石のようになって埋葬されているのに、外見的には敬虔と優雅という立派な建物を人格化していた。

個人的な無意識は博物館のようなもので、イメージと感情の宝庫である。これらの廃墟を守っている小人のような男は、穴や木々の根っこの間の地下に住むおとぎ話の鬼を連想させる。

小人は女性の夢によく出てくるイメージで、批判的な心理学的機能を象徴している。ギリシア神話では、ある小人たちは指を意味するダクティルと呼ばれており、それゆえ彼らは創造性と関連がある。おとぎ話にそれらの人物はしばしば登場し、そこでは職人として、あるいは『白雪姫と七人の小人たち』でそうであったように、尊い大切なものを掘り出す人たちとして肯定的な機能をもっている。彼らは無意識の中に埋もれている価値ある資産や創造の源を意識の光の下へともたらす、役立つ男性性の代理人である。別の物語では、小人は、『雪白と薔薇紅』KHM161 でそうであるように、宝物を盗む怒りっぽくて注文の厳しい、悪い人物である。

昔、森のはずれに、貧乏ではあるけれど親切な女が可愛らしい双子の女の子と暮らしていました。娘たちはとても可愛かったので、女は、庭にはえている薔薇の木にちなんで、雪白と薔薇紅と名づけました。ある晩、戸を叩く音が聞こえたので、開けてみるとそこには大きな熊がいました。その熊は礼儀正しく、ひどい天気なので中へ入れてもらえないかと頼みました。年老いたお母さんは気の毒に思いました。中に入って火の側にいるように言い、食べ物を出してあげました。娘たちは熊と一緒にいるのが楽しくて、がっしりした身体の上を転がったり、もじゃもじゃの毛皮にすり寄ったりして、大きなおもちゃのようにして遊びました。春になると、熊は、森の木々の根っこの中に住んでいる卑劣な小人から秘密の宝物を守るために帰らなくちゃいけない、と言いました。小人たちは冬の間は寝ているけれど、春の雪解けとともに目を覚ますのでした。

ある日、娘たちは薪にする木枝を拾っている時、小さな生き物がぴょんぴょんと踊り跳ねているのをこっそり見ました。近くによってみると、小人のひげが、自分が割っていた丸太の裂け目に挟まっていたのでした。その小人は、〔娘たちが〕ばかみたいに口をぽかんとあけて突っ立っていると、唾を飛ばして侮辱的な言葉を浴びせかけました。薔薇紅はポケットからはさみを出して、〔小人を〕自由にするために少しひげを切りました。感謝するどころか、その小人は自分の美しいひげを台無しにしたと、娘たちの名を汚すようなことを叫びました。

またしばらくして小人に出会いました。ひげが釣り糸とこんがらがっていて、釣り糸の端にかかっている大きな魚に海の中に引っ張られ、小人は引きずり込まれそうな危ない状態でした。またしても薔薇紅ははさみでひげを、もうちょっとたくさんちょきんと切り落としました。〔小人は〕『このガチョウ頭め!』と叫び、娘たちをさんざん嘲笑いました。また別の時には、大きなワシが小さな小人を爪で掴みちょうど飛び立とうとしているところを見ました。娘たちは小人を放すようワシと取っ組み、またもやすばやく助けたものの、侮辱と冷笑を浴びせられました。
小人は熊から宝物の袋を盗むのに成功しましたが、隠し場所を悦に入って褒め称えているところに娘たちと出くわしました。小人はとても怒っていて、ほっぺたを膨らませ、顔を赤くし上へ下へと飛び始めました。熊がそこにやって来ているのに気付いていませんでした。熊はすぐに小人を殺すと、〔熊の〕呪いが解けました。熊の皮が滑り落ちて、金色の衣装の王子が現われました。そのうち雪白はその王子と結婚し、薔薇紅は王子の兄弟と一緒になり、母親とともに新しい宮殿で、皆幸せにくらしました[4]。

ここでの小人は、否定的なアニムスがどのように働くかを示す典型といえる。女性が何を成し遂げようと、どんなに大きな成功を収めようと、アニムスの叱責、批判の声は絶えず起こってくる。「お前はだめだ、賢くない、可愛くない、及第点を取るはずがない」と。彼は飽くことなく要求し続け、容赦なく否定する。

レイラの夢の、悪意ある小人はまさにそのおとぎ話の小人のようだ。彼は、能力をけなすことによって女性を捉える。彼は、無意識的な生のほの暗い奥にある、宗教的な指図をする破壊的な領域を監視していて、早期のそれらの命令がレイラの心理学的発達を妨げていた。愛らしさ、従順さ、生まれのよい上品さ、敬虔さ、その他母性とのみ関連している女性の美徳など、彼女に強いられた態度は、女性の本能的な本性 nature にとってはまさに弔いの鐘である。

そのような特性がもし本物であれば、有益でないとはいえないけれど、役割として演じられるならば、表面的で感傷的なものになる。それらとのみ同一化することは、より深い力や意味を理解する上で妨げになる。断言、自然な発露、陽気さ、官能、創造が必要な時も同様である。

雪白と薔薇紅の話では、小人は呪われて熊の姿をした王子の宝物を盗む。それと同じように、否定的なアニムスは、肯定的なアニムスの可能性や価値そして力を盗む。これが女性の心理学的な生に生じると、彼女はちょうど小人のように怒りっぽくなり、要求ばかりするようになる。ユーモアや流動性 fluidity もなく、白か黒かでしかものを見なくなる。〔彼女は〕小人のように、尽くされるべきだという権利と欲求とを要求する、無意識的な立場に立っていた。むろんこれは、レイラの母親のアニムスの強烈な側面でもある。彼女は、怒っていて貪欲で、過酷な要求をする小人アニムスに監禁され、とり憑かれていた。否定的なアニムスに対して無意識の女性たちは、ずっと母親が自分にしたことを恨みながらも、しばしば母親のやり方を繰り返し、娘や他人に対してちょうど同じように破壊的になる。自分自身の中に母親を見、それを嫌い、抵抗はするものの、制御することはどれほどできないことか。口を開けると、卑劣な小人が飛び出す！

否定的なアニムスは、創造的な才能が使われておらず（おとぎ話でそうだったように、富は盗まれ地下に埋められる）リビドーがせき止められていることのサインである。論争に巻き込まれたり、無意識の筋を生きたり、操作しようとしたり、苦難の感覚 a sense of martyrdom に襲われるなど、落ち着かない。アニムスが何か創造的な活動を始めると、救いはやって来る。そうなると自分の娘たちを汚染しなくてすみ、むしろ女性性のより建設的な側面を〔娘たちのために〕映し出せる。こうして、レイラの問題は、いかにしてアニムスを働かせるかということだと見えてきた。とはいえ、答えはまだはっきりとはしていなかった。

夢の中で、レイラはこの否定的な無意識の影響による監禁から辛うじて抜け出し、難民たちが集まっているところに急いで行く。難民になるということは、これまでの安全な避難所を去り、慣れ親しんだ安楽や社会的地位も持たずに、未知の道を進み始めることである。これは個性化の道と似ている。レイラの社会生活の表面的な支柱は、住むには適しておらず、危険にさえなってきたので、今や後にせねばならない。新しい心の避難所は不快感、不満、欲求不満なくしては見つけられない。夢の中のレイラの言葉――「どこに向かっているのかわからないが、行かなくてはならないことだけはわかる」――は、彼女がこの困難な仕事に専念しているのを示している。彼女は置いていかれるというので怯えており、乗せてもらうには「比率」が合わなくてはならない。おそらくここでのレイラの意味は「割り当て quota」なのだろうけれど、比率 quotient が彼女の書いた言葉だった。これは、分割された要素、あるいは割り算によって得られる分数 fraction で、心理学的な分割が示唆され、彼女が自分の道を歩み始める前に気づかねばならない。

ひとたびレイラが旅に出ようと決心すると、黒髪の女性が適当な時に適当な場所に現れる。彼女は意識の理解にとってはいまだ「異質なもの foreign」なので、異国のドレスを着ている。しかし、彼女は本質的な「比率」、切れている要素を内包しており、レイラが去るのを認めている。レイラは、重くて煩わしいけれども、自分の荷物を持って行かねばならない。この責任を負うと、その重荷は長い布にくるまれた生まれたての赤ちゃんに変容する。このイメージはキリストの降誕を思い起こさせ、それは自己、単一性、全体性の象徴であると考えられる。新生児は新しい生を体現したものであり、この旅で彼女に同伴する。この子どもに対して責任をもつところから仕事は始まる。

目を開けると、私は気がふれたかのように夢のなかの言葉を繰り返していました、「どこに向かっているのかわからないが、行かなくてはならないことだけはわかる」と。難民に加わるという考えは私にはとても衝撃で、男女子どもが、とるものもとりあえず家から逃げている姿を描いた絵が思い出されました。圧政から逃れ、避難所を求めて、昼間は隠れ、夜に移動していました。顔は悲しそうで、でも、進みつづけるという強い決意がみなぎっていました。どのようにしてなんとか生き残るのかと、いつも不思議でした。いまや私も、地図も持たず、選択もできないという状況でした。

私の葛藤のほとんどは、対立する性質――難民と王女とのあいだの、内的な戦いの結果でした。私は、王女が難民を処刑する権力をもっていることを心配しましたが、サリーを纏った旅行者に備わっている力を感じました。彼女は、私が頼りにしている人で、ネガティブな母親コンプレックスの要求から私を守ってくれると思いました。彼女は私にとって刺激的な人物で、その後何年にもわたって勇気を与えてくれました。こうして、難民としての生活が始まったのです。

家族や友人は私が感じていた変化への切迫感を理解してはくれませんでした。彼らの口癖が私の頭のなかで響きました。

「もっと不幸な人はたくさんいるよ。感謝しないと」

「笑って御覧なさい、そうすれば気分が楽になるわよ」

「家から出た方がいいよ。ボランティアとか人の役に立つことをしたら」

「自分で哀れに感じるのはやめなさい。他の人のためになることをしなさい」

これらは、巡礼者たる自己pilgrim-selfが抜け出さなければならない圧政でした。他人を喜ばせるのはやめようという決意にもかかわらず、うまくいかないで新しい年を迎えることが何度も重なりました。さらに、私自身、ブイをつけて浮上しようとしても、私が無視しようとしているまさにその口癖が私のなかから浮かび上がってきて、自分に嘘をつくことになり、心から話しかけるということができませんでした。

私はずっと、正しいことをしてきたけれども、理由が間違っているというナンシーの観察も、私を引き上げてくれるのは短い時間でした。私は、やりたいと思ったことは、ソリテール〔一人トランプ〕をするという、とるにたらないこととか、公園のベンチで日光浴をすることなど、すぐになんでもやってもいいのだと思うようになりました。一人でいて、群衆の後を追いかけていないときにも心強く感じました。

難民はしばしば、一人で何日も旅を続けることを強いられることがありますが、自分の時間のほとんどを一人で過ごすことには心配がありましたし、もちろん、ほかの人がどう思うかも心配でした。ナンシーは、原料から糸を紡ぐために一人で紡ぎ車の前にずっといたおとぎ話の女性の話を思い出させてくれました。これが自分自身の人生という織物を織り上げるチャンスなのだと理解して、慰められました。

あるセッションで、私は心配して、復活祭の日曜日、私が黒髪のヒッチハイカーを拾いに戻ったとき、自分が難民になることに同意したかどうかわからなかったと言いました。ナンシーの答えは、『そうです、でも同意したのは彼女です。神の思し召しというのを信じるならば、そうです』。

オレンジ色のレインコートを着ていた若い女性との出会いが、実際の放浪者としての私のありかたの前兆であったと認識することで、困難に耐えるための持久力が得られました。何年もかけて、そこに私の強さと苦難に満ちた孤独とがあることを発見したのです。

「どこに向かっているのかわからないが、行かなくてはならないことだけはわかる」という宣言は、たえず私の心にありました。私は、窓のそばを大またで歩きながら、見たところ行く先が決まっているようにみえるいろいろな年齢の人々を観察しました。彼らをうらやましいと思いましたが、自分の行く先を知っている振りをするのは無駄でした。もはや自分の周囲にくつろげる住処はなく、難民という比喩の正確な意味がわかりはじめてきました。私の旅はゆっくりでしたが、そういう状況ですぐにやれる人などいないといって自分を慰めました。遅かれ早かれ、私は夢からのメッセージを理解するでしょう。夢によって、私は自分の内的な生の現実とつながり、そのイメージを記録することが私の日常の中心でした。

孤独と闘いながら、私たちの結婚はもはや車椅子に縛られたものではなく、ある程度自分の足で立っていると考えるように励まされました。しかしながら、王女を黙らせようとしても、王女たる妻は荒れ続けていました。敵意が支配していました。もし夫が結婚生活を終わりにするという選択をしても、私は大丈夫だと思いました。部屋の向こう側から彼が満足そうに新聞を読んでいるのを見ると、私はいらいらしました。スーツとネクタイで身なりが整っていて、いすのそばにはブリーフケースを置いて、いかにも目的をもって生きているというようにみえました。彼を「敵」とみていたのです。

しばしば、彼がただ調子はどう、とつぶやいただけでも、非難されているように感じて、すぐに引きこもりました。彼に対するアンビヴァレンス〔両義的な思い〕に混乱しました。ある朝は、彼が仕事に出かけるときに、彼の支えがなくなってしまうのが怖くて、出かけるのを遅らせてほしいと頼みました。かと思うとまた別の朝には、彼が行ってしまってうれしいと感じることもありました。彼が、実用本位の男性世界で自己満足しているようにみえて、自分の苦しみに憤慨していました。

この妻の役目をやめるために、私は夫とのコミュニケーションを絶対に必要なこと以外はすべて絶つ決心をしましたが、それに続いて起こった沈黙はみじめなものでした。私は、王女の中身のないおしゃべりと教会の地下から現れてきた小人のアニムスとのあいだに捉えられ、気の利いた皮肉で夫を打ち負かしていました。なにからなにまで母のように支配しようとしている自分に気がついて、身がすくむ思いでした。幸い、ネガティブな考えは、自分に向かってだけ表出することを覚えはじめていたので、日記のなかに次々と書き込みましたが、それを外に吐き出すことはありませんでした。

お腹から湧き上がってくるように出てくる自然な感情feelingを見分けられるようになってきました。クンダリニーのことを思い出します。依然として私には異質な感じはありましたが、本当の情緒emotionをひとつひとつ、私の真実へと導いてくれる正当な導き手として歓迎しようとしていたのです。

ナンシー　Nancy Qualls-Corbett

レイラの情緒的な生活の記述が示しているように、彼女の旅は、〔途中〕橋が流出していたり、道が行き止まりになっていたりしてとても困難だった。彼女は、しばしば人間の国ではないところno-man's-landを彷徨い、しばしば振り出しに〔出発したところに〕戻っていた。王女の態度を放棄すると、否定的な小人のアニムスがずっといるようになった。小人のいらいら、権威主義的な要求や独善的な憤りが全て激しく浮上してきた。

「敵意 animosity」という言葉はアニムスという語に由来するが、これが彼女の中に広がっている感情だった。これは、多くの結婚や他の親密な関係を壊し得る。というのは否定的な要素は自分の人生の重要な他人に投影され、彼／彼女を「敵」と見てしまうからである。この場合レイラの夫は、彼女が自分自身のために確立できないもの、つまり自信や独立心の感覚を表していた。しかしながら彼女は、あたかもスクリーンに映っている自分自身を見ているかのように、より客観的、より自覚的になり、自分自身の外に立つ能力を発達させていた。彼女は徐々に投影を引き戻し始め、自分自身の限界を主張し、粗探しの癖をやめるようになっていた。

13 ジゴロ神

The Gigolo God

洒落たナイトクラブにいて、背の高くてひょろっとしたオーナー／芸人といっしょに座っている。彼は私をテーブルに残して、黒髪の可愛い女性と踊りに行く。彼らがクラブを出たので、後を追いかける。彼は風に当たるために彼女を連れ出し、それから彼女を低い壁のところに連れて行く。彼らは壁をまたいで、顔を見合わせて立っている。彼が彼女を自分の胸に引き寄せ、髪を撫でながら、彼女に詩篇を詠んでいるのが見えて、怖くなる。私はいつも彼女には見えていなかったことがわかり、いま、彼にも見えていないことがわかる。

しゃれたナイトクラブという設定は、〔ぶどう酒の〕泡立ちにシャンペンの泡といった、アルコールの「酒精 spirit」が煌めく、ほのかに光のある場所を示唆している。それは私たちの理性的な態度を鈍らせ、もう一つの現実に酔いしれさせようとする雰囲気。それは誘惑のための空間であり時間である。

ヘルマン・ヘッセの『荒野の狼』が思い出される。主人公のヘンリー・ハラーは、論理的な世界に没頭している教授であり、厭世的な魂 soul の縮図〔のような人間〕である。彼はどのように生きればよいのか、そしてどのように死ねばよいのかもわからない。ある晩遅く、彼はとても気が滅入り絶望してナイトクラブに入り、神秘的な場所を見つける。まるで運命の女神が連れて来てくれたかのように、若さや愛の思い出へと連れ戻してくれる女性に会う。彼女は踊りと愛の交わし方を彼に教える。彼は変化の嵐に捕らえられてしまう。

レイラの夢では性別は逆になっているものの、似たような状況が見られる。自分の人生をもっと豊かに送りたいと切に願いながらも、古い態度を捨てることもできず、〔レイラは〕以前の試験管の女性の夢のようにリンボー limbo〔九九頁参照〕にいた。

ナイトクラブでのシーンでは、アポロ神と関わる理性と節制〔禁酒〕は、ワインとエクスタシーの神ディオニソスの世界に呑み込まれてしまっている。ディオニソスの領域は、非合理的な〔合理性を超えている〕、情動、本能、肉欲、想像の領域と関係している。合理的に秩序づけられた現代の世界では、ディオニソスはしばしば卑しくて劣っていると見なされる。混沌と地獄 pandemonium〔大混乱〕は、この神の領域を描いている。というのは、ディオニソスは絶えず変化しているから。ディオニソスは、落ち着いて挑戦し、自分たちの中で死んでしまったものに命を与える自然の力を体現している——しかしそれは、私たちが変化に対して感じる恐怖、私たちの永遠の臆病、人に認めてもらいたい欲求に抑えられている。

創造的なエネルギーは、しばしば集合的な態度や価値に基づく既存の心の構造を混乱させはするものの、新しい始まりや興奮をも促す。ナイトクラブのオーナーという夢のイメージを、レイラは何気なくジゴロ神と呼んでいるが、伝統的なディオニソスの属性と一致している。

「ジゴロ神」、あるいはディオニソスアニムスは、夢自我を残して、黒髪の女性と踊るために出て行ってしまう。それは生の踊り、つまり女性的な動きと男性的な動きとが互いに補い合い、同調して、揺れる生のリズムになっている。その動きはレイラの性の本性の暗く抑圧された側面を伴ってのみ、生じてくるかのようだった。宇宙の創造について語る「踊りの神 Lord of Dance」という聖歌 folk hymn を思いつく。神と踊ることとは、自分自身を創造することである。

ダンスが終わると、黒髪の女性は「風」に当たるために連れ出される。風は精神 spirit、プネウマ pneuma〔空気・息を意味する生命の原理、存在の原理〕の象徴であり、それを「吹き込めば」生が与えられる。心理学的な存在としてのアニムスは精神であり、インスピレーションをもたらす。その動きやリズムを一度受け入れれば、明瞭で目的に適った創造的な理想をもたらし得る。

その男性と女性は壁をまたいでいて、彼らの性的な部分は無防備になっている。黒髪の女性の頭——つまりレイラの女性の性についての考えとイメージである——を愛撫しながら、男性は詩篇を朗誦する。レイラは特定の詩篇やその意味を思い出すことはできなかったが、一般的に詩篇は慰めや神の導きと関係している。深いところで何かが動いていて、精神的なもの spiritual が、そんなに深く、エロチックな雰囲気の中にも入り得るということにレイラはショックを受けていた！　とんでもない神への冒涜が起こっているかのように、夢自我は恐怖をもってこれを見ている。聖なるものと、性的なものとは互いに関係があり得るし、相補的でもあり得るということについて、意識では理解できていない。

この夢は分析を始めて十八ヵ月ほどして現れて来た。御覧のように、精神性は物質ないしは身体との調和の中に共存し得る、という新しい概念を無意識は導入しようとしている。それはダンスである。精神的なもの——間違いなく身体ではない——への、レイラのこれまでの一面的な態度は攻撃されている。ジュースを撒いている以前の宇宙人や、窓を洗っているアニムスイメージとは異なり、このナイトクラブのオーナーないし芸人は、精神的な広がりを有している。

夢は、意識的な態度からは全く異なる視点へと導きながら、抑圧され無視され、知られていないあらゆるイメージを浮かび上がらせるので、心の自己統制において補償的な機能をもつ。このジゴロ神の夢は、ディオニソスの姿をした新しい元型的な概念を導入し、〔それは〕物質に精神性を賦与する。ユングは「身体の中に閉じ込められた神の力は、物質の中のディオニソスにほかならない。本能的な反応や認識は、身体の中に広まっているディオニソスである[5]」と述べている。

古代、女性たちはディオニソスの秘儀を伝授された。精妙で保存状態のよい、鮮やかな色の装飾帯が、ポンペイにある秘儀の館のイニシエーションの部屋の壁を飾っている[6]。その情景は、儀式の段階が進むにつれて女性がイニシエートされていくのを描写している。初めに、女性はディオニソスの切断と再生の話を聞く。それから彼女は祭壇に供犠を捧げ、年配の女司祭がそれを受け取る。今や彼女は全く一人で、本能と自然の世界——少年と動物——の世界の中へと進んでいく。半神半人のシレヌス〔ディオニソスの養父〕はリラを吹いている。彼はディオニソスの守り手であり、よき助言者であるといわれている。

そして、参入者が急いで自分の来た道に戻ろうと向きを変えるところが描かれているシーンが続く。目に見えないものに驚いたのか、あるいは神秘の中へ深く入って行きたくないかのように。彼女の顔は恐怖に満ち、一歩踏み出せばその絵の額縁からは出てしまう〔くらいの迫力である〕。彼女は逃げたがっている。彼女は衣を剥ぎ取られ、身体を覆っているのは、切れ目の入ったシース〔ぴったり身体に密着したベルトなしの婦人服〕だけ。参入者はちょうど、アリアドネと一緒に儀式を主宰するディオニソスの領域に入るところである。彼らは後ろの壁の中央に描かれている。そしてそれは恐ろしい。参入者は彼女の生 life がばらばらに切断されて、新たに再び繋ぎ合わせられるという体験にまで至らねばならない。これまでの生のパターンはもはや有効ではない。

これらのシーンの中で語られていることは、知的にのみ理解され得るものではなく、身体の中で感じられねばならない——本能的な恐怖、痛みであり、しかもエクスタシーとヌミノースとの遭遇でもある。絶望的で孤独な場所に入ると、女性は、ヴェールのかかった神の豊穣の道具である、ファッリックなシンボルを見ることができる。しかしながら、参入者が自分の女性性を傷つけるかもしれないほどにこの新しく見出された力に魅了されるようになると、危険がないではない。すると、黒い翼を持った女神が手に鞭を持って降りて来る。新たに再び繋ぎ合わせられた心 psyche には、傲慢や自我肥大の場はない。参入者は、すでに儀式を経験した年配の女性の膝の上に頭を埋めながら、裸の背中には鞭の激痛を感じる。最後のシーンでは、女性は落ち着いて新しい衣を身に纏っている。年配の女性が、彼女の髪を梳かしている。彼女の変化したイメージが写る鏡の横には、エロスが立っている。

今日では、心理学的なプロセスを通り抜けるのを導いてくれる、このような儀式はない。それにもかかわらず、私たちの心は夢を通して同じような経験をもたらす。この夢で、レイラは精神と身体の新しい相互関係の理解を垣間見た。また、彼女はこの内界の旅は至難であるということも知る。ポンペイのイニシエーションのように、逃げ出したいと思う時が幾度かあるものの、それでも彼女は「どこに向かっているのかわからないが、行かなくてはならないことだけはわかる」という自分の言葉にコミットし続けたのである。

レイラ Leila McMackin

私は長いあいだ、人の目に見えていないのではないかという感覚を漠然ともっていました。たしかに、母は私のことを正しく見通しているのですが、私が考えたり感じたりすることよりも、夫が言ったりしたりすることに興味がある、という印象がありました。それでも、自分のことは友達にも知人にも気づかれていないし、取り残されていると考えていました。私はたいてい、こんなことは馬鹿げていると自分を納得させようとしたのですが、その感じは続いていました。

夢のなかのジゴロ神は私のジレンマをうまく描いてくれました。彼が黒髪の女性を抱いているのを見つめながら、恐怖と傷が私の胸を切り裂き、私の息を奪ってしまいました。彼らはそれぞれ、私には欠けているものを持っていました。

私の問題に対する解決は予期せぬところから来ました。

何年にもわたって、私は、話ができて探求を共有してくれる、男性の友人がほしいと思っていました。私がほんとうに信頼できる男性です。一緒に食事をとりながら、頭がほとんど触れそうなくらい近づいて相手に熱心に話しかける場面を想像しました。このことが生じるためには、男性に対する関わりかたを変えねばなりませんでした。どうやったらこれができるかを理解するのではなく、ただ単に繰り返し願ったのです。

するとポールと出会ったのです。彼が病気だと聞いて、何区画か離れた彼の家に歩いていきました。知人の彼は、何度も新聞や雑誌にとりあげられるような人物で、最初の朝に、彼の高価な家具で飾られた書斎に腰を落ち着けた時には、良心の呵責と闘いました。五十代の彼は、癌と闘っていました。その後、何度か訪れるうちに、彼の書斎やプールサイドで、若い頃の話や挫折した人間関係、専門的な仕事ができなくなったことや死の恐怖について話してくれました。彼はハンサムな男性で、強い魅力を感じました。情緒的な痛みのためにほんとうの姿を見せてくれて、私は彼といるときの自分が好きでした。もはや、子どもが隅で縮こまっていることはなく、私は自由に自分の意見を言い、私自身の深い感情や困難を共有しました。私は見られていたのです。彼といると、しばしば、抑うつから持ち上がってくるような感じがして、ひとたび家に帰れば、こっそりと一人で踊ることもありました。

私たちは昼食をともにすることはありませんでしたが、コーヒーを何杯も飲みながら、彼といっしょに過ごす時間を大切にしました。しかし、彼は弱っていき、いっしょにいられる時間は限られているのがわかりました。

私は、お墓のそばで群集の背後から彼の未亡人と子どもたちを見ていました。彼と家族の関係と比べると、私たちの出会いが有意義なものだったと、どうして思うことができるでしょうか。結局、私たちが緊密な関係をもったのは、きわめて短い時間だけでした。例のごとく自己否定が出てきて、結果的には、私は善良ぶった自分を演じていたのであって、男性の親友がほしいという私の願望に欺かれて、ポールとの関係はなにか特別なものだったと思おうとしているのだと思ってしまいました

14

ポールへのカード

Card for Paul

地面にグリーティングカードが落ちているのを見つける。「ポールへ」とカバーには書かれている。なかにはさまざまな時期の月を描いた絵が入っている。

レイラの新しく発見した男性との関わり方は、彼女が見つけたカードに明示されている。昔から愛の女神と関連のある月は、柔らかい意識の光をもたらす。これは、男性的な知覚の仕方や切り分け方を示す、太陽の意識のくっきりとした閃光とは大きく異なる光を発散する。レイラは、元型的な女性性の月の女神の側面を知らなかったが、それにも関わらずそのエネルギーがレイラの中で動いていた。女性が自分自身の女性性を心地よく感じる時には、月の意識は彼女の中に射し込む。相手への、心からの気遣いが可能になり、現れてくる。

エロスという女性性の原理あるいは関係性は、橋を架け、結びつける。黙想し、促し、手を差し伸べ、受け取る時、それは現れてくる――礼儀正しい言葉ではなく、正しい表現でもなく、期待された役割でもない形で。レイラの関係性は心からのものだったのである。ポールと自分自身へのメッセージは、あらゆる段階の月だった。

月は、女性の生理学的な生殖の段階だけではなく、心理学的な豊かさをも反映する。幾度となく満ち欠けがあり、輝いては消える。暗い月の相の時には自分自身の「魔女的な」ムードを、自己や他人に対して破壊的にならないように持っておくことが重要である。自分の月相が意識できるようになると、元型的な女性性の統合が可能になる。

古代の神話の神のように、元型は多様な様式を持っている。それらの多くの面は、私たちの情動や行動の範囲について言及している。レイラがポールと体験した感情の深さを考えれば、彼女が彼の死に刺すような喪失感を感じたのは自然なことだった。愛の神であるアフロディテは、深い悲しみと喪の両方を体現している。最愛のアドニスの死に際して、彼女の泣き声が山々にこだましたといわれている。

レイラ　Leila McMakin

ポールとの関係は、夢そのものと同じように短いものでした。私たちが話したことの意義をみずから納得させようと、私はお守りのようにこの夢の物語をポケットに持ち歩いていました。

徐々に、私はカードのメッセージを吸収していきました——月の諸相は女性の本性 nature の発達を反映していて、私が愛と関係をもてるようにしてくれました。ポールと過ごした時間を追体験するなかで、彼の真心に私は心から応えようとしていたのだとわかったのです。私の暖かさが彼に流れていったのです。情緒的な距離を愚かさでカバーしながら、はにかむことはありませんでした。何度も何度も、その夢に、ポールとの思い出に心が震えました。彼は、私にとっては、真にディオニソス的な男性でした。そのように、神とのダンスは始まったのです。私はもはや、目に見えない存在ではなかったのです。

その後数ヵ月にわたって、本質において、ポールとのつきあいで、男女がたがいにふるまうときの作法に関する私の固定観念が崩れていったのだと識りました。何年もかけて、この重要な基本的理解によって、私の意識にその精神 spirit が吹き込まれたのです。

ジゴロ神を、内的にもポールとの関係でも体験したあとで、幸福の兆しがしばしばあって驚き、すこし気が楽になりました。ほっとできることを喜ぶと同時に、さらなる変化にそなえて気を引き締めました。

ある日、自分が着ていたピンクのドレスのスカートを見下ろすと、小さな濃紺のリボンの模様が付いていました。それが、王女の正装だと気がつくとすぐに、それを脱いで、捨ててしまいました。ピンクは、私にとっては淑女気取りを示すもので、これが私の情熱を弱め、人格を色褪せたものにしていたのです。それはもう二度と着ないと誓いました。たゆみなく衣服を買い求めては、ベッドに広げておき、それを着て鏡の前でポーズをとりました。もう選ばないと思っていたスタイルを見つけると、どれを着ればよいか自信がもてませんでしたが、いつも明るい色にひかれました。

15

運命の女性

Femme Fatale

この夢のなかで、私は長いストレートの黒髪で、めかしている。肌は滑らかでつやがあり、長い爪にマニキュアをして、目も黒い。美しいブルネット〔白人種のうちで黒みがかった髪で、しばしば肌も色黒で目も黒または褐色〕になっていて、戦争がおこなわれている外国にいる。部隊といっしょにいるが、どの兵士が敵かわからないのでほとんど混乱したままだ。スチレットヒール〔高くて細いかかとの婦人靴〕で、赤いタイトスカートをはいている。敵の発砲を避けて走るのは難しい。それから私は黒い男性とホテルにいる。その男性はハンサムで、彼に魅力を感じている。彼が尋ねる、『ワインにする？　それともベッド？』。私は答える、『両方』と。それから鏡をチェックして、赤いスカートが広い腰でぴんと伸びていることに気がつくが、それでも自分はとても美しいと思う。胸を覆っているものにも意識がいく——細い肩紐がついただけの肩を露出した黒いシルクのもので、とても洗練されたものだ。私はジャケットを拾い、彼に指を曲げてこちらに来るように合図を送り、正面玄関に彼を誘う。彼は私についてきたが、ドアを開けたところで、警察が待ち構えていて、彼を捕まえる。私は彼を欺いたのだ。

新しい服を着てみたりして、内面の変化を補ってくれるような装いを模索しているものの、レイラの自己像は動揺しており不確かである。夢自我は、黒髪の女性と結びついたディオニソスの精神の様々な側面、例えば感覚的なタイトスカート、露出した肩、ワインと性などを統合している。そのような自己像はレイラにとってまだひどく慣れないものなので、彼女は外国にいる。非戦闘従軍者 camp follower か何かのようだ。

覚醒時の生活では、レイラが感じていた激しい戦争は、これまでの意識的な態度と無意識から乱入してくる新しいイメージとの葛藤のようでもあった。この葛藤は「対立物の〔間の〕緊張」と呼ばれる。意識はその戦いに勝つべきではないけれど、かといって負けるべきでもない。レイラは、とりすました家庭の主婦でもないし、非戦闘従軍者でもない。第三の要素である超越機能が生じるために、これらの対立物の間の緊張は維持されねばならない。

超越機能は、しばしば象徴的な形での新しいエネルギーの現れであり、どちらか一方と同一化するのではなく、両者に共通する要素を組み込む。意識と無意識の間に橋を架け、対立物の間を仲介する。それは、統合 synthesis の可能性を提供してくれる。

しかしながら、黒髪の女性の性格には不気味で危険な要素が姿を現す。彼女は男性を騙し誘惑する女で、権力や儲けのために女の策略を使うセイレーン。娼婦のように、性を悪意あるやり方で利用して、エロスの本質に背く。これは、ホメロスの『オデュッセイア』に見られるものと似ている。そこでは、誘惑的なキルケーが男性を豚にすることで力を得ており、性は、愛情や快楽を表現する以外の目的で使われている。

象徴的には、セイレーンは月の暗い側面であり、すべての女性がもつ元型的な女性の性の影の側面なのである。女性が自分自身のこの側面に気づいていないと、性的な魅力を駆使してたくさんの争いには勝てるかもしれないけれど、恋人も自分自身も両方とも裏切ってしまう。最終的には、まさに自分自身の核心であるエロスを失う危険もある。女性が自分の女性性の本質を意識すれば、解き放たれ、力の感覚ももてるけれど、それは愛にも破壊にも使われ得る。

この夢は別の心理学的な難題を示している。つまり運命の女性 femme fatale の影と、見知らぬアニムスという戦士との間の危険な相互作用である。彼らがあまりに近づくと、無意識的な要因が悪戯をし、破壊さえ生じ得る。創造的なリビドーが権力争いに駆り立てられて、ついには成長をもたらすあらゆる進歩を閉じ込めてしまう。

その夢は、分析を始めて二年あまり経った時にやって来たものである。レイラの外見はほとんど月単位で変わっていた。拒食症の痩せた身体つきは、柔らかくふっくらとした身体へと取って代わっていた。服の色は鮮やかになり、だぶだぶのセーターに履き心地のよい靴をはいて、しばしばカジュアルなジーンズを身につけていることもあった。黒髪ではなかったが、ヘアスタイルは自然なウエーブが優しく顔の輪郭に沿っていた。以前の苦悩にさいなまれた表情とは変わって、新しい美しさが彼女の顔に輝いていた。時には、目に生の喜びが映し出され、彼女は笑うこともできた。アフロディテの属性である「光を放つ女神、笑いを愛する者」を思い出した。それでもなおその夢は、放たれている光の下に、女性性の、暗くて執念深い力に飢えた power-hungry 側面が潜んでいるのを示している。

仕事のあと、夫は決まって十八マイル離れたウィークエンドハウスに車で行って一晩過ごすのですが、〔その晩〕私は家に残りました。彼の恋人になることには胸が傷んで、彼に対するアンビヴァレンス〔両義的な思い〕もあって、どうやって始めたらいいかわかりませんでした。離婚して妻の役割から逃れられさえすれば問題は解決するかと思われましたが、家族を巻き込んでごたごたするのが嫌で、離婚はしないという厳しい現実に直面することにしました。それでは、このみじめな状況をどうすればいいのでしょうか？

ある日、いままで無視してきた私の手をちらりと見て、上の娘の優雅な赤い爪を素敵だと思いながら眺め、その同じ午後に娘の美容師に予約を入れて、アクリルのつけ爪をしてもらうことにしました。私はバラジャコウ色を選びました。しっかりと磨いた爪をつけて、自信が湧いてきました。

二週後、私は旅行から戻って来る夫を家で迎えようとドアのところで立っていました。私たちは抱きあい、指で彼の髪を撫でながら、自分が「バラ色の爪をつけた女性」であると想像して、彼を二階に導き、時間をかけて強く愛を交わしました。

顔のない王女とクロゼットの子どもを認知することで得られた自由を大切にするために、一年間、マニキュア師とデートしました〔つけ爪に通った〕。このバラ色の爪をつけた女性を一目見たことを記録しながら、彼女が、黒髪の女性と近いことを感じるようになりました。

ある午後、夫と私は、バナナの木を刈り込むのを終えて、笑いながら軽く抱きあうと、ゴムのような樹脂でおたがいの腕がくっついてしまいました。バラ色の爪をつけた女性が言いました、『私たちが新しい生活を始められるようになって嬉しいわ』と。そして彼をベッドに誘いました。

その年のクリスマスに、夫がツリーの灯りの電源を入れようとはしごを降りて来て、『終わったよ、飾りつけの準備はいいかい？』と尋ねました。

『それよりも愛を交わしたい』と私は答え、私たちはワインを持って上にあがりました。いっしょに、このうえなく美しい存在を感じました。それは黒髪の女性だったのでしょうか？　キャンドルに明かりを灯し、爪が支えてくれることを願いながら私の彼氏《my man》を愛撫しました。その後彼はうたた寝をし、私はある意味で妻としての自分自身と別れを告げ、恋人としてふたたびつながることができるということを発見したことに感謝しながら、静かに彼の側で横になっていました。彼といっしょにいながら、私は自分の舌を、話すよりもキスをするほうに多く使っていました。それ以来、彼のことを、「私の夫」ではなく、「私の彼氏」と考えるようにしました。彼を型どおりの人間としてではなく、一人の個人としてみることができるようになったのです。このことは、彼と接するうえで大きな変化をもたらしました。

私のなかの運命の女性は、かなりの間、自分を知ってもらおうとしてきたのですが、私の抵抗を克服すると、彼女は実に強力になりました。夢でみたような、めかした、洗練された姿になろうとがんばりながら、気分は高揚し、どこか自分が光っているように感じました。彼と逢引しているという考えが容易に浮かんできました。彼や彼の友人たちに示唆に富むコメントをしてほんとうに楽しめました。

私の運命の女性は、時に私を当惑させました。新しい家を建てるという計画を練っているときに、主寝室のアイディアを建築家に頼まれました。バラ色の爪をつけた女性が出し抜けに『愛を交わすことのできるジャクジーとベッド。それだけでいいわ』と言いました。愚かなことと感じながら、王女たる妻は赤面しました。それでも、砂漠の蜃気楼のように、バラ色の爪をつけた女性が消え去ってしまうと、決まって、それとともに私の情熱も消え去ってひとり孤独になり気分も落ち込むという事実に比べると、当惑するほうがまだましだということに、まもなく気づきました。

爪は明らかにネガティブな意味あいをもっていますが、それが私のなかでなにを表象しているのかについて、あまりにも関心をもつようになっていると、のちになってから気がつきました。それでもなお、そのときはその動きから喜びが出てくるような感じがして、王女たる妻の呪縛から解き放たれることを励ましてくれました。私は、それを使っているときの自分がほんとうに好きでした。ほぼ三十年近くにわたって結婚生活に打ち込んできたことに焦点をあてると、私の情熱は燃え上がりました（その後数年間は、黒髪の女性が私に、他人を誘惑するためではなく、相手とつながるために愛を交わすのだということを教えてくれました）。

私は、バラ色の爪が、成長を続けられるかどうか心配になりました。すでに述べたように、それはしばしば私を見捨てたからです。あるいは、ただそうみえただけかもしれません。実際、本質的にはバランスをとるためと思われるのですが、王女たる妻としてそれを依然拒否していました。葛藤が強くなっていました。

私のなかに女性性を発達させるという切なる思いは常にありました。この原理を人格化して見せてくれた女神を歓迎したいと思いました。私はそのことを理解しはじめていましたから。しかし、そうしたいという衝動が上がってきても、私はそれを呑み込んで、顔が見えない女神の名前を口にすることを拒否しました。

16

処女マリア

The Virgin Mary

私は、目の前のテーブルで横になっている赤ちゃんの世話をしている（湯につからせている）。赤ちゃんの息が詰まりはじめる。私は救うことができないとわかっているので絶望的になる。美しい女性が、ローブをなびかせながら私の背後から現れて、赤ちゃんを腕に抱く。息が詰まるのが止まる。彼女は腰を下ろしてひざに赤ちゃんを抱いている。私は彼女のローブがなびいているのを見ている。彼女は処女マリアだ。かつて抱いたことがないほどの感謝の念で満たされて、彼女のほうを向いて言う、『私はあなたとあなたの御子にお仕えします』。

レイラは思いやりを持ってその赤ちゃんの世話をしており、それは彼女の心的生活の新しい次元だった。「その赤ちゃん」を無視することは、自分自身や他人と表面的に関わるという前の状態に逆戻りすることであり、彼女の身体の内で感じ取られた感情や情動を否定することである。魂のこもったこの気持ちに初めて気づいたのは、ポールと、そして彼の病気とともに過ごした時だが、自分自身の中に見出した悪性のものとようやく戦うことができるようになった。批判的な小人の否定的な声、例えば「あらねばならない」とか「あるべき」といった声は消滅した。

幼児の世話をするのと同様に、内的な仕事はしばしば退屈である。というのは、新しい生がそれ自身意図するように現れて来るには、絶えず注意を払っている必要があるから。各人に特有のデザインは、自己 Self という元型の中に内包されており、その目的は自我によって叶えられる。自己という元型は、その人の最大限の潜在力とパーソナリティの単一性を表している。ユングは次のように言及している。

自己は中心というだけではなく、意識も無意識をも包含する全領域であり、ちょうど自我が意識の中心であるのと同じように、〔自己は〕全体性の中心なのである。[7]

自己は、創世 Creation〔天地創造〕のデザインが符号化された種子を内包しており、それは、個性化の道を通して実現されることを求めている。「ばら色の爪の女性」という新しいイメージは喜ばしいものではあるものの、おそらくレイラはあまりにもその女性に同一化し過ぎていた。イメージへの過剰同一化と統合とは正反対のものである。過剰同一化は対立物の緊張を許さず、違ったやり方で一面的になっているだけである。レイラのこれまでの、几帳面で信心深い女性という自己イメージは、運命の女性 femme fetale のそれに取って代わっている。

個性化の道は蛇のように曲がりくねっていて、直線ではない。ねじれているし、曲がってもいる。以前にも見てきたように、それは〔そこを進んでいくのは〕バランス技であり、同時に心的生活の多くの側面を理解している必要がある。全体性の道から逸れると、ぎょっとするような夢のイメージが生じてくる。この夢は「なぜ赤ちゃんは息が詰まっているの？」と自問させることで、警告している。

息が詰まるというのは、何か大き過ぎるものを飲み込もうとしているのかもしれないし、あるいは一部しか消化されずに、食べ物が逆流してそうなっているのかもしれない。私たちは、空気の通り道が塞がれるという意味で、「何かが誤った方に行った〔食べ物が誤って気管に入ったときにこのようにいう〕」と言う。食べ物の場合と同じように、心理的な事柄も、一口が大き過ぎると同じ結果が生じ得る。ばら色の爪をした女性というあまりに大きい一口は、正しい道を下りていかなかったのだ〔上手く食道を下りていかなかったということ〕。こうして、その赤ちゃんは充分な空気——プネウマ pneuma あるいは精神——を得られていない。性は、ばら色の爪をした女性で描かれるような本能的なものだけではなく、精神的 spiritual な内容物をも内包している。ユングは述べている。

身体的な情欲と精神的 spiritual な情愛とは非常に敵対しているけれども、それにもかかわらず親しい仲間〔戦友〕であり、そのため、しばしば極めて容易に入れ替わるということは公然の秘密である。どちらも真実であり、一緒になって対立物の対を成しているのだ。(8)

長い間抑圧されてきた性に喜びや楽しみを見出す一方で、レイラはまだその精神的 spiritual な次元には気づいていなかった。レイラは、身体や性、そして女性性の本質の精神的な側面に対して蔑むような感情を生み出した父権的な構造は明らかに捨ててしまっており、これが空虚感をもたらしている。精神性と性の両方を体現したジゴロ神のイメージやエネルギーは、意識的な考えには統合されていなかった。

レイラは、自分自身の中に神聖な女性性を見出そうとする、勢力を増大している女性たちの間の運動のことを、読書を通して知っていた。父権的な宗教上の信仰の構造を、意識的に母権的なものに源泉を持つそれと取って代えようとする試みは、レイラには役に立たなかった。そうではなくて、精神性 spirituality の焦点をレイラは捜し求めていた。それはどこで見つけられるのだろうか？

レイラはカトリックの信者ではなかった。彼女のプロテスタントの教えでは、クリスマスのかいば桶でのこと〔ベツレヘムの馬小屋でキリストが入っているかいば桶の周りにマリア、ジョセフなどが集まっている情景をクリスマスのときに飾る〕を除けば、処女マリアは重きを置かれていなかった。それにも関わらず、レイラの元型的な神聖な女性性のイメージは、マリアのイメージだった。初期のキリスト教では、かつて女神のものとされていた属性は、母なるマリアの特徴の中に同化されたということを思い起こすならば、これは驚くべきことではない。特に子どもの誕生や子どもに纏わるものはそうだった。処女神であるアルテミスは、狩猟と結びつけられることが多いが、子どもの誕生の時に〔存在して〕いる女神でもある。同様に、別の処女神アテナは、通常戦いや都市化の女神としてよく知られているが、子どもの世話に対しての責任も負っていた。

中世の時代には、マリア崇拝が浸透していたが、不妊の女性あるいは妊娠中に問題が生じた女性、病気の子どもたちはマリアの祝福を求めた。マリアは、穀物や家畜の豊穣、多産、実際あらゆる形態の生の豊かさを保証した古代の大地の母と同じ目的のために仕えた。今日、幾つかのヨーロッパの大聖堂にある処女マリア像は黒くて大地そのもののように暗く、それはまるで神聖な女性性が身体や物質との接触を失っていないかのようだ(9)。

もう一つの重要な拡充は、処女マリアのイメージについて考えるならば、特に、身体と魂の間の分裂を癒すということに関連しているので、今日的意味のあるものになる。ローマ教皇ピウス十二世は、一九五〇年の教義の布告で、マリアの身体と魂は共に天に受け入れられたと述べた。ユングは、男性的な三位一体がようやく女性性の要素を組み入れたという点において、これを心理学的な進歩であると見なした(10)。またそこでは、物質／身体が認知されることになった。処女マリアは、身体と魂、身体 soma と心 psyche の両方を表し、これらの対極の間を仲介するものとして仕えている。マリアは、これらの対立物が内包されている自己の、神聖な女性性の側面である。

自己の側面が、夢の中で光り輝くとき、私たちは畏怖の念を感じるものである。レイラにとって、その夢は恐怖と慰めとの両方を兼ね備えたヌミノース〔ドイツの神学者R・オットーの言葉。神性を意味するラテン語ヌウメン Numen に由来し、表現し難く神秘的な畏怖の念を表わす〕の性質をもっていた。その夢はレイラの心の中に、何週間もの間留まり続けた。マリアと彼女の息子に仕えるというのは何を意味していたのだろうか？　レイラは、日曜学校の絵のマリアの穢れのない高潔な顔を思い出したが、それはレイラが何年もの間真似ようとしてきたイメージである。マリアに仕えるために、レイラは新しく発見した官能性を否定しなければならないということなのだろうか？　マリアのように「処女 virginal」であらねばならないのではないか、とレイラは恐れた。もちろんこれには、困惑させられた。

夢について話し合う中で、レイラと私は、普段「処女性」というが言葉が使われる貞節ということではなく、心理学的な処女性の意味について、比喩的な言葉における処女性について話した。心理学的な処女性とは、自分自身が信じること、決定すること、他人との相互作用などに責任を持つことを意味する。それは内的な権威 authority や自己の認識に従って生きることである。これはレイラに「どのようにして自己の神聖な女性性に仕えるのか?」という難題をもたらした。

レイラ　Leila McMackin

心臓がどきどきしながら目が覚めても、この夢を再体験するために、動かずに横になっていました。処女マリアが私の心のなかにいる赤ちゃんを救うために来迎されたことに深く心を動かされました。夢のなかで彼女の美しさに実際に出会ったときに感じたのと同じくらい熱烈な感謝の念が、その後、数週間にわたって私の思考のなかにしばしばあふれてきました。その祝福は私よりも、私の人生よりも大きく現れました。

にもかかわらず、私は夢のなかでした誓いにうろたえました。彼女と彼女の御子に仕えるという誓いです。私が受けた教育では、仕えるとは、キリスト教徒の女性がすべきことで、賛成を得るためにいやおうなしに他人に仕えるという状態に後戻りしたくはなかったのです。私の頭から、マリアの日曜学校版を追い出すことは不可能でした。いったい私はなにを約束したというのでしょうか。ナンシーと私は、私が処女マリア自身に尋ねることができるのではないかという覚悟を決めて、でも、その分析のセッションを終えてみると、私にそんなことができるのかまったく自信がありませんでした。

以前クンダリニーについてワークしていたときと同じように、答えを私自身の外に求めて視線を外に向け、権威あるもの、つまり本のことですが、に向かうことにしました。私は聖書や、マリナ・ウォーナーの『ただ一人の女性』からいくつかのメモをとっていたのですが、すぐに興味を失っていたのです。

豊満なアフロディテ〔ギリシア神話の愛と美の女神、ローマ神話のヴィーナスにあたる〕が現れなかったことにがっかりしました。このエロス的な愛の女神のほうが、まだ私を魅了していたバラ色の爪にはふさわしく思われました。処女マリアからは少女の無垢を連想しました。白いローブを身に纏い、青い布で内気に傾いだ頭を覆って、クリスマスの野外劇で演じた時のようなマリアの無垢な姿です。そんな神聖なマリアが、どうして私の性的な側面を開くのを支えてくれるというのでしょう、どうして私が土とのつながりを大切にする手助けをしてくれるというのでしょう。

ついに私は、やってきたのが、アフロディテではなくマリアだという事実に直面することにしました。彼女のことを、「私が苦境に陥っている時に来てくれた女性」だと考えることにしました。尊敬の念が徐々に大きくなっていきました。混乱するかわりに、私自身のなかで起こっている変化に気づいたのです。ときどき、自分のやさしさに驚かされました――そこに偽りをみいだすことはできませんでした。私のなかでうるさく小言をいう人が、そう簡単には夫に「なすべきこと」を告げないようになりました。彼に対してあまりがみがみ言わなくなっている自分に気づき、自分でも少しだけ気が楽になり、心のなかで「ほら、ごまかしの王女たる妻が行くわ」と言うようになりました。

マニキュア師から離れ、つまりバラ色の爪とおさらばして、その代わりに、黒髪の女性を眼前に思い描いて、私の彼氏と面と向かってコミュニケーションできるような自信を得ようとしました。関係をもちたいという彼女の熱意が私を満たし、緊張を和らげ、心から穏やかに話すことを始めました。以前より女性らしくなったと感じ、優しさが自分に出てきたようで、心からのやわらかい感じになってきたのですが、微妙に強さもありました。

誓いのことは、まだ、疑問に思っていました。夢について数週間考えたあとで、あえて尋ねることにしました。眠りに落ちていきながら、囁きました、『処女マリア、どうしたらお仕えできますか？』。目が覚めたときに、聞こえたのです、『私に仕えるためには、自分の人生を称えなければなりません』と。正しく聞こえたのかどうかわからなくて、繰り返しました、『私に仕えるためには、自分の人生を称えなければ celebrate なりません』。そうだわ。夫と朝食をとるために下に急いで降りました。

植物を植え替えたり、草取りをしたり、パンを焼いたりするときにはたいてい、私の熱情は冷めてしまうのでした。そのようなときには、「称えて！　あなたの人生を称えて！」というマリアの指示を思い出すようにしました。するとたちまち、幸福感があふれてきて、土やパン生地に触れていることほどすばらしいことはないとわかるのです。疑いなく、この処女は私を自分自身に向けさせてくれました。私にとって彼女が誰なのか理解しようと、たえず捜し求め、ついに、彼女を女神と呼ぶようになり、そうなってくれるよう願っていました。じきに、そうなりました——「マリアという名前の処女神」となったのです。

教会に行って跪き、以前イエスの栄光を称えたときとまったく同じように、処女神を称えたいという衝動が生じてきました。この行動は私のなかで固定されているもので、それに逆戻りしないためには相当な努力を要しました。繰り返し繰り返し、自分の人生を称えるようにという私に告げられた言葉を思い出しました。私は聞き間違えたのでしょうか。でもマリアが、彼女の人生を崇めるようには要求しなかったということを思い出すようにしました。彼女は、私自身の人生を称えるように勧めてくれたのでした。

感謝の念はいつまでも残り、日々の活動を豊かなものにしてくれました。分析の過程が、変容にそなえて強引に説得してくれた事実をやっと理解できるようになりました。その後何年にもわたって、処女神の言葉は私のなかで響きつづけ、彼女の贈り物が私の魂のなかに深くしみこんでいくにつれ、私は私自身へと戻っていったのです。

17 下からの縫い目

Stitched from Beneath

どこにいるかわからないが、地下深くにいるという感覚がある。暗い。段ボール箱に宝物を見つける。愉快な小太りの男が、坊主頭のサンタクロースを思い出させるような男だが、膝にその箱を抱えている。私は彼の前で跪き、箱を開ける。なかには、赤みがかったオレンジ色の大きい布が正方形に折りたたまれて入っている。その上には小さな正方形が印刷されていて、クロスステッチ〔十字縫い〕ができるようになっている。その小男を見上げると、驚いて頬を膨らませ、目を丸くしている。彼は私にイエスとうなずく。私は正方形に折りたたまれた一枚の布を拾い上げ、ひっくり返してみると、きわめて繊細で精巧で美しい、金と緑のクロスステッチが一つだけついているのを見つける。次々と布をめくると十字が縫いこまれていることを発見し、布の大きさは徐々に大きくなっているが、背景の緑のほうが大きくなっていて、金の十字のほうの大きさは変わらない。その小男と私は驚愕している。布をこすると、十字の秘密を発見する。縫い目は、布の表面と裏とを同時に縫ったものだったのである。これはきわめて重要な発見である。ほかの誰も、この布が、下から縫ってあるのでそれほど特別に美しいのだとはわからない。私だけがこれを知っている。

それから私がどこにいるかわかる――墓のなかだったのである。私は小さい陶磁器のオルゴールを持っていて、その上の小さい陶磁器の人形のオーケストラを見下ろしている。彼ら〔人形たち〕が音を奏でる。すると人形は人間になり、実物大になる。私は暗い戸口に立って、彼らが演奏するのを見ている。誰が演奏しているのか調べねばならない。黒髪の女性が、そのオーケストラの一員にいるのに気づくが、彼女はすこし離れて立っている。彼女はトライアングルを上に高く上げてもっている。彼女が鳴らすと、トライアングルは『カレンがやった、カレンがやった、カレンがやった』と言う。その女性が振り向いて私と対面する。彼女はこの上なく美しい。怖くて、私は墓から走って逃げる。

難民の夢と同じように、場面は地下、無意識の闇を象徴する場所。しかしながら、この夢の中の状況は全く異なる物語を展開している。前の夢では、夢見手は彼女を閉じ込めようとするノーム〔地中の宝を守る地の精で、醜い老人の姿をした小人〕のイメージから逃げねばならない。そのノームないし小人は、否定的な声を体現したもので、自らを侮辱するようなメッセージで打ちのめしたり、自分自身という感覚を損なったりする。この地下はもはや罠にかけられる場ではなく、宝の隠されているところである。ノームのような人物のイメージも変容している。小男〔「善良で愉快な年寄りの小人」と彼女は言った〕から、贈り物を持って来てくれるサンタクロースが連想されている。彼は、夢見手に、埋められた宝物、自己、全体性の元型という贈り物をよく見せてくれる。

最も貴重な持ち物を、ありふれた覆いの中や、薄暗い場所で見つけることは珍しいことではない。硬い二枚貝の中に身を隠している真珠のことを考えてみるとよい。人間においても、私たちの本当の宝物は硬い外壁で隠され、個人のコンプレックスという泥で固く覆われていたりするものだ。そこに至るのは困難で、深く掘らねばならない。

赤みがかったオレンジ色の正方形の上の、仕上げねばならない十字の形と、緑の正方形の上の金の十字とは、宝の象徴的な意味を映し出している。赤みがかったオレンジ色は、赤、黄、茶の混ざったもので、情熱と感情の赤、思考と直感（本能的な知恵）の黄、大地や糞便と関係する茶——影の内容物は不快なものと見なされるものだ——の混色を示している。思考と感情が織り合わせられ、身体／物質（影）が認められると、パーソナリティに特別な色が添えられる。これこそがレイラの生の織物なのだ。

夢で、赤みがかったオレンジ色の布に型はつけられてはいるものの、今のところまだ金糸は刺されていない。赤みがかったオレンジ色は、また、一年のうちの美しい季節である秋の色を意味する。「人生の秋」と言ったりするが、これは夢見手の年齢に当てはまる。人生の後半においてなされるべき仕事が残っており、新しいデザインが完成されねばならない——符号化された印（型）が装飾されねばならないのだ。緑は春の新しい草木の、新鮮で青々とした色である。

夢見手の心理学的発達は、芽吹こうとしている、不毛の冬から目覚め始めている、といってよいだろう。今のところはまだ、生の実が収穫される時期、つまり成熟には達していない。繊細で精巧な金と緑のクロスステッチは私たちの生の、それぞれの糸を示している。私たちは、それが、生の内的側面であろうと外的側面であろうと、それぞれの相互作用や関係で、いうなれば自分たちの模様を作り出しているのだ。それは、光沢を失ったり腐敗したりするのに屈しない自分だけの金色である。

上からも下からも縫ってある独特の模様のイメージは、内界と外界の体験の、互いの連関を反映している。古代の錬金術の格言がこれを示している。

上なる天
下なる天
上なる星
下なる星
上なるものはすべて
また下にもあり
これを摑め
そして喜べ(11)

星座は、私たちの先祖が、英雄や神、そして動物のイメージを投影して見たもので、神聖なものの様相が表象されているが、心の元型的なイメージの中にも同じように内在している。

夢見手は今や自分が墓にいるのを認めている。難民の夢のように、再び死の場所にいるのだ。前の夢とは異なり、今にも捕まりそうというのではなく、墓を訪れているのであり、そこに埋められていたのは彼女自身の側面の最後の残物である。私たちは意識的な態度や価値観と相容れない心的内容物を埋める――つまり抑圧する。課題は、それらの抑圧されている内容物を見つけて意識の光の下へ戻すこと。

墓の中でレイラは、小さな陶器のオルゴールを見つけ、後にそれはオーケストラの生演奏になる。初めはもろくて冷たくて、生命がないように見えたものが、今や完全に人間になっている。音楽とは、魂の調和とリズム。それは言葉以前のもので、本能的で、普遍的。そして音楽は感情を映し出す。黒髪の女性は内的な情動の響きに対して責任がある。彼女はトライアングルを鳴らし、「カレンがやった」というメッセージを送る。

三角という形は、ヒンズーの女性生殖器の象徴であるヨニ yoni と関係がある。きれいに共鳴する音を出すのに、トライアングルは小さな棒で叩かれる。このように象徴的にみると、女性性のイメージと男性性のイメージとが結びついて、音が作り出されている。

少し前の「黒髪の女の子」の夢を思い出してみよう。それは十二歳の時、友達が一晩泊まりに来た折のレイラの体験について語っている。レイラの母親は、子どもたちが性的な遊びをしているのを見つけると、別々の部屋で寝かせた。その友達の名前はカレンだった。黒髪の女性が奏でたトライアングルの音は、カレンがやったことを穏やかに思い起こさせるが、――非難するといった風ではなく、あの体験を意識へと連れ戻すために。壊れやすい陶器の人形は黒髪の女性に変容し、この人物は次にはこの上なく美しい女性になるのだが、夢見手はまだこれを自分自身の映し出されたものだと受け入れられない。無意識は、この新しいイメージを知らしめ、取り戻そうとしているが、レイラの意識的な自己像には依然として合わなくて、彼女は飛んで逃げていく。

夢の布の美しさに唖然としまま、十字の手触りが指先にいつまでも残り、夢のなかで差し出されたきわめて貴重な贈り物について、長いあいだ黙想しました。

一人で瞑想した数週のあいだに、庭の壁の夢以来、トケイソウの茂み passion bush のおかげで、依存による安心が不要になったという感覚が生じていることに気づきました。もはや他人の世話にならなくとも、多少の制限はあっても、たぶん安心できるだろうと思いました。私はその夢の小男と、何時間も、秘密を畏れながら座っていました。「下から縫い閉じる」ことの意味を探りながら、私は自分が唯一無二の存在 unique なのだという感覚で満たされることに気づきました。さまざまな役割よりも私個人の魂と関係の深い人格性 personhood の可能性が、かつてないほどにリアルに感じられました。社交的にふるまうとか、飾り立てたり、清潔にするといった中身のない真似ごとに疲れて、私はいま、マリアという名前の処女神が教えてくれたように、私自身の魂を称えることができるようになりました。おそらく、私の人生の目的は、まさにそれであり、――私の心臓が脈打ち、呼吸をすることであったのです。これはたしかに刺激的な考えだったのですが、それでも不安で、自分はほんとうは誰なのか、確かだと思えるのはなにか、疑問に思っていました。

分析のなかで、自分のなかにある堅固な不信を最初にかいまみたとき、その不信は自分に対しても他人に対してもあったのですが、それを断とうと奮闘しました。予期しない豪華さとともに、夢が自分自身と同盟関係をもてるように導いてくれて、私は徐々に率直にものが言えるようになりました。それでは自分自身を描写する方法は？　私は、自分の心psycheがそうするのを信じることにしました。それは、自我にとっては決定的な敗北でしたが、大きな前進でした。

他人に対する自分の意見を嫌だと感じたり、自分の体重とか大きな腰のことを心配したりするなど、自虐self-abuseという私の古いパターンに落ち込みそうに感じたときにはいつでも、夢のなかの布によって表現されるような態度によってそこから抜けることができました。その価値を徐々に自覚するようになるにつれ、自分の発見を大切にもっておくようになりました。私は「ものごとの底」につながっているという自信がもてるようになりました。

それでも、夢の最後で走って逃げる部分は、黒髪の女性が伝えようとした重要なメッセージを完全に取り損なっています。彼女は、私が誰なのかを私に理解してほしかったのですが、私にはその準備ができていませんでした。振り返ってみると、夫に対する私の身体的な欲求は、かつての聖餐と同じように私には神聖なものとなりつつあったのですが、その欲求こそ、私が彼女の存在を感じられる場所だったということがわかります。それが若い友人のカレンとの出来事とか黒髪の女性とのできごとと結びついているとわかったのは、何年も後になってからのことです。ただ、夫に対する愛を表現することに抵抗するときには自分が硬くなるということだけはわかりました。そして、母の足のことが浮かんでくるのです。

夢は無意識からの贈り物で、そうです、私はそれらを活かす責任を引き受けはじめていたのです。そして、その難しさもわかりはじめていました。もし私が夢の人物との関係に浸ってしまうと、外的な生活において、夫であれ、子どもであれ、友人であれ、他の人と出会うと不思議な気持ちが中から生じてきて、私はびっくりしてしまうのが落ちでしょうから。

その後数ヵ月間は、私の秘密の縫い目を発見するというこの夢をしばしば思い出して味わい、その優美さと有望な感じとを繰り返し体験しました。十字そのものに対する感謝の念が私を和ませ、希望が持てました。心のなかに宝を持って、私は何の忠告を受けることもなく、みずからに身を任せ、レイラになる準備ができたと感じました。

18 天の川での踊り

Dancing on the Milky Way

私は茶色の重たい買い物袋を持っている。一室だけの四角い建物が見え、正面はガラス張りになっていて、小さい店のように見える。レオタードを着た女性のダンサーが建物のなかにいて、グループにステップ〔足の運び方〕を示している。自分も試してみたいと思う。なかに入ると、彼女が言うには、『レコードで「タンジェリン〔あるいはタンジール〕」〔オレンジの一種。濃い橙色、赤橙色――この果物が一八四〇年代、モロッコのタンジール Tangier から英国に輸出されたことから〕をかけようと思っていたんです。あなたも踊ってください』と。私はためらい、はにかみながら、応える、『でも、ステップがわかりません』と。『音楽にあわせて動けばいいです』と彼女は返す。音楽が始まる。

しばらく聞いて、言う、『シャグ〔交互に片足で跳ぶダンス――一九三〇‐四〇年代に米国で流行した〕なら踊れるわ！』。そして、踊りはじめる。でも大げさに感じる。腰を音楽に合わせて動かすだけにしようと決める。そうしながら、くるくる回りながら部屋中を動いていく。短く一息つくと、私の体が持ち上がって外の空間に浮かび、天の川まで行く。それからまた建物に戻る。私は私だが、そこにいる他人のなかにもいる。だらしない身なりの女性が、通りからなかに入ってくる。彼女はポリエステルを纏っていて、それについて冗談を言う。彼女と私は、「緑のポリエステル」について、たがいに笑う。二人の黒髪の少女が玄関のなかなかに立っていて、愛を交わしている。私は机の後ろで、別の女性と議論する。

この夢では、最も普通の場所で、普通のものを材料にして、極めて普通でないことが起こっている。レイラは音楽を耳にするが、それは前の夢のようにオーケストラのシンフォニーではなく、彼女の魂の音楽——曲名は「タンジェリン（あるいはタンジール）」で、何か異国情緒を感じさせる——。彼女は内なる生のリズムとメロディーに耳を傾ける。そのダンスは、十代の頃の「シャグ shag」とは違うし、今では正確には覚えていないし、動きを呼び戻すこともできずにぎこちない。ダンスを「考え」られない、つまりステップが「わから」ない。音楽と動きを、本能的に感じなければならないのだ。レイラは、宗教的なエクスタシーの状態であるダルウィーシュ（神秘主義教団の修道者、所属教団の規定に応じて、激しい踊りや祈祷で法悦状態に入る）のように、くるくる回り、宇宙の高みにまで舞い上がった。

ダルウィーシュの創設者、ジャラール・ディーン・ルーミー Jelaluddin Rumi は、「ダンスの力を知る者は、神の中に住まう」と述べた(12)。この場合の神はディオニソスであり、彼は母親の子宮の中で歌い、踊ったといわれている。ディオニソスのお付きの女性たちマイナス（忘我、狂気の状態に陥り山野を狂いまわった）は内から神の力を感じ、恍惚状態で踊った。

もちろん、マイナスの行動は狂気——暖かい家庭を去り、丘へと疾走し、月夜の下で踊り、動物に授乳する等々——であると見なされた。因習的な視点から見れば狂気かもしれないが、このような「狂気」は精神異常ではなく、むしろ神を崇める、霊感を受けた動きなのである。そのような心は、恍惚の瞬時に体験し得る、境界のなさや広がりを知っている。精神の高まりを感じ、精神と身体という自然の存在としての二重性 duality に、充分に気づく時がある。とはいえ、永遠にそのような高揚した次元に住まうことはできず、大地に根ざした物質へと戻らねばならない。『主の踊り』という聖歌 folk hymn では、歌詞に

「月、星、太陽の上を踊り、天から降りてきて〔今度は〕大地の上を踊る」とある。これは創造の歌であり、創造は、理想主義やファンタジーの中でしか実現し得ないものの、物質／身体に根ざしていなければならない。

夢の中で、レイラは確かに、大地、彼女が踊りながら出て行った部屋へと降りて来る。彼女は自分自身を知っていて、自分の人格性 personhood の別の側面を見ることができる。彼女は、品も艶もないだらしない場末にいるような普通の女性のイメージと出会う。レイラはこの女性と同一化し、劣等感を感じることもなく、ありきたりの織物服を着て心地よさを感じていた。彼女は、それを笑うことができた。

この夢でわざわざ取り上げられているポリエステルは、人工の織物であって自然のものではない。それは私たちが「身に付ける」ペルソナと似ている。私たちはしばしば、自分たちを「人工 man-made」の態度の中に封じ込めるが、それは自分自身の生来の性質 fiber とは異なっていたり、しばしば矛盾するものであったりする。既に説明したように、適応するため、賛同を得るため、自分の脆弱さを守るために、このようにするのだ。ペルソナは盾のように働き、特定の社会的、職業的な状況では適切である。しかしながら、生来のパーソナリティに固有の属性と、社会的な理由から学習されたものとを区別できることが、非常に重要なのである。

レイラの場合、彼女の文化的な環境に認められる礼儀正しさや意見は、ポリエステルのスーツ――人工的に大量生産されたもの――だった。何年かの間、それは周りに認められるのに役に立ち、ある程度自我の安定をもたらした。彼女が成長してそれよりも大きくなったときに（しばしばそうなる）困難が生じたが、それは彼女がスーツと自分自身の皮膚との区別ができなかったからだ。

ウクライナのおとぎ話、『皇帝の娘だった蛙』はこの種のジレンマについて描いている。

昔あるところに、三人のハンサムな息子のいる皇帝と皇后がおりました。息子たちが結婚する年頃になると、皇帝はそれぞれの息子に銀の弓矢を射るよう命じました。そしてそれが落ちたところにお前たちの妻となる人がいるだろうと。上の二人の息子たちはとても上手くいきましたが、末息子の矢は結局蛙に取られてしまいました。『私の矢をおくれ』とイワンは頼みました。すると蛙は『私と結婚してくれるのなら』と答えました。皇帝は、そうするよう命じました。蛙と末息子は一緒になりましたが、他の兄たちはこの上なく幸福な結婚をしていたので、イワンはもちろんとても不幸でした。蛙はイワンの後をぴょんぴょん跳ねながら、泣かないですべては上手くいくから、と言いました。

ある日皇帝は、どの嫁が、一番織物を織るのが上手かをみるコンテストをするよう命じました。その晩、皆が寝静まると蛙は自分の皮をかなぐり捨て、三人の女召使を呼びました。嫁たちはすばらしいデザインを織り、皇帝はそれらを見て、その美しさにとても驚きました。その後、ケーキ作り、踊りのコンテストが続き、いずれの夜にも、蛙は皮をかなぐり捨て、肝をつぶすようなやり方で課題を完成させていきました。ある晩、イワンは怪しく思い、蛙の皮を見つけて暖炉に投げ入れました。彼の妻は、彼女が言うには、もうあなたと一緒にはいられません、私は別の皇帝である父に呪いをかけられていましたが、私の宮殿に戻らなくてはなりません、ということで、とても心を取り乱しました。(13)

イワンが第三十宮殿に向かい、苦難に遭いながら真の花嫁を取り戻す様子が語られ、物語は続く。

この話はいかに女性たちが支配的な力（集合的な「あらねばならない」とか「あるべき」）に支配され得るかを描いている。それは実際呪われているのだけれど。人工の繊維とは違って、蛙の王女の皮のスーツは、生来の美しさや創造的な能力を隠している。ペルソナとしての蛙のスーツは、たとえ相手が愛する者であっても人に命じられて脱げるものではない。自分自身が意識的に自分を統御できるまでは、盾のようになってそれが護ってくれる。物語の中の若い女の子のように、レイラは、蛙の皮を着る時と脱いでもよい時とが見分けられるようになる必要がある。それは、レイラを平凡な普段の関心事に結び付けておく、緑のポリエステルのスーツのようだといえるであろう。

黒髪の少女の二重のイメージは、子どもの頃のレイラと友達のカレンとの間で中断された性的な遊びを反映している。今ではもう、レイラはその若い女性性の本質を見、同時にそれを取り入れることができる。それは、確かに上っ面だけではない彼女の本能的な性質のすばらしい側面である。それは取り除かれたままでなければならない――すなわち、「私は私だけど他の人のようでもある」というのだ。「私は自分自身と他人との違いはわかっているわ」とでもいうように。

意識の敷居を表す境界領域である玄関に立っており、これまで彼女がいた心理学的な空間からは離れたものの、これから行こうとする空間にはまだ至っていない。レイラは、一方では身体や性や女性性の自然な表現に惹きつけられながらも、他方では、自我を集合的に認められるようなものと同一視し続けていて、どっちつかずの状態だった。

机の後ろの女性は、明らかに先生や上司のように、支配しようとする権威的な力である。新しいイメージを受け入れることで、レイラは自分自身の権威を受け入れるようになっているので、以前のような外界からの要求の声を耳にすると、当然のことながら彼女は抵抗する。しかし、彼女は逃げない。自我は強くなっていて、議論をして自分自身を護ろうとしている。

レイラ　Leila McMckin

私は夢から漂い、放心状態になって、家の周りを歩きまわり、長いあいだ忘れていた子どもの頃のできごとを再体験し、天の川への夜の旅によって正気を取り戻しました。かなり幼い頃には、ベッドから窓の外の星空を眺め、即座に、あふれるように星が流れるなかに飛んで行って白いかすみ〔天の川のこと〕に合流する旅をしているかのように感じました。驚きに圧倒されながら、急いで毛布のなかに戻ったものです。五十二歳になって、私の力強い想像の産物をどう理解したらいいのかわかりませんが、以前にも増してそれを心地よいと思うようになっていきました。

その前の夢で、私は、「カレンがやった」という黒髪の女性のメッセージを見過ごしていました。またしても、私はこの夢の意味の重要な部分——ポリエステルを身に纏った野暮ったい女性、を無視しました。彼女は、私の心のなかがだらしなくなっていることを適切に人格化したものです。彼女を魅力のない人とみることで、彼女のような身なりにならないようにと懸命に努力していたのです。のちに、この不器量な女性が、まさに私自身の心理学の一部にほかならず、存在の実際的な側面に関する困難を認めるのにやぶさかでなく、そうしてそれらに対処している、ということがわかるようになりました。私は彼女のことをとても必要としていました。私はあまりに高く飛んでいたことは明らかで、彼女は私が大地に戻って来るための切符だったといえます。彼女と親しくなるために、数ヵ月を要しました。

しかしながら、他の女性のよさも認めるようになったのは、自分自身が女性である、あるいはいくつかの女性から成る、という感覚が得られるようになるにつれてであり、だらしない身なりの女性、と私が呼んだ女性も、その一つです。『女性として私は……』という言葉で自分の発言を始められると、嬉しさで背骨が震えるほどで、とても解放されたように感じました。というのも、半生にわたって、誰かといっしょにいるときには、そのときどきの相手に自分のことを話してもらうために、第一人称の代名詞は避けてきたからです。

この夢のあとまもなく、夫と私はある週末を湖のリゾートで過ごしました。そこは数年前に、自分が王女たる妻たちのいる部屋でディナーをとりながら自分のことを悟った場所です〔7章を参照〕。ある午後に一人で歩きながら、自分の体のリズムを楽しんでいると、「彼女は恥知らずな美しさで歩いている」という一節が浮かんできました。心にふと浮かんできたその言葉をナンシーに話すと、「私は」ではなく、「彼女は」といっているることを指摘されました。私はそれが「夢のなかの女性」のことだと暗にいうことはできても、彼女を自分自身と同一視することにはまだ戸惑いがあったといえます。自分の人生を称えることで、マリアとその子供に奉仕するという私の誓いをふたたび考え、ようやく、黒髪の女性が私の女性性を表象し、さまざまなレベルで喜びが表れているのだということを理解しました。

いまや、女性としての自然な生得権をほんとうの意味で受け取ることができたといえるでしょうか。その後の数ヵ月で、私の生きてこなかった女性性が隠れているままになっている部分を発見するにつれて、私は前進していきました。

夢のなかで、私は音楽にあわせて腰を動かす決心をして、腰を前よりは意識するようになり、夢のイメージを日常生活に意識的に結びつけることもなくなりました。ベッドを整えたり、テーブルに花を飾ったりするときにも、腰を揺らしていたのだということに気がつきました。自分の腰が不快なほど大きいという思いがたえずあったので、そこに注意を向けてこなかったのです。いま、腰が素敵に揺れているのがわかります。ラジオから流れるカントリーソングにあわせて腰を動かしながら、床にモップをかけたりします。掃除をしながら、大胆な踊りを編み出していきました。スーパーでも腰は揺れ、耳にぶら下がっている銀のイヤリングもいっしょに揺れていました。雑用と女性のリズムが調和していることを楽しみました。これは有益な時間の浪費だと内的な声が叫んでいましたが、私はそれを無視することに全力を尽くしました。

腰が、それ自身もっている命に満たされるようでエネルギーがわきました。母と私がいちばん嫌っていた体の場所が、私に自信を与えてくれる場所であることに驚きました。無視されてきた生命が腰というかたちになって現れているかのようで、その脈動からはずれるとバランスが失われていくかのようでした。

特定の状況では、たとえば、家の売却を終結するために弁護士事務所で三人の男性といっしょにいるときなど、自分の姿が見えないという昔の感覚が迫ってきました。王女のような最高のやりかたで疑問を持ち出すかわりに、黙ったままで腰とコンタクトをとりました。すこし威張って部屋を横切りながら、威厳を取り戻しました。腰骨の強さにふれると、他人に何かを証明する必要がなくなりました。自分からこんにちはと口を開き、王女たる妻が心から『うぅ』とか『あぁ』とか漏らしてしまうと、私は腰をそっと突き出して、それを揺らし、王女たる妻が慌てて逃げ去るようにします。体が緊張してよそよそしい態度になるときにはいつでも、がっかりして泣きたくなりました。でもそのかわりに腰を動かして、『腰を優しく揺らして』と息を抑えてつぶやきました。ほとんど魔法のように、私の傲慢な態度はどこかへいってしまいました。腰に貯えられた喜びは、ほんとうに私の女性の本質《nature》であり、徐々にそれを信頼できるようになっていきました。

これ以来、私は女王たる妻のスカートの下をあえて見るように、つまり、自己卑下とあえて直面するようにしました。いままでの自分は、経済的な安全をセックスで買っていたのであり、経済的な安全と同時に敵意ももらっていたのだと認めました。〔お〕上品な人という衣を几帳面に纏って売春をしていた私は、娼婦のように神性を汚し、自分を偽っていたのでした。

19

シャーマン

Shaman

幽霊がオルガンを弾いているのが聞こえる。私は大きな鍵を持って、床から天井に届くようなガラスのない窓を突き抜けて歩いていく。鍵を落とし、それが足元に落ちているのを見る。数人の女性が、いくつかの家のなかから、どれが自分のになるか、選んでいる。数が数えられる。家の数よりも女性の数のほうが多い。私はシャーマンにならなければならないのだから、家を受け取らないのだと言われる。（突き刺すような頭痛がして目が覚めた）

シャーマニズムについて、ネイティヴアメリカンの儀式がしばしばシャーマンによって執り行われるということ以外、レイラはほとんど知らなかった。古今東西、原住民の間で、シャーマンが果たす機能や、彼らに払われている敬意のことは知らなかった。夢は、恐ろしい孤立への方向へ向かっていることを示していたので、彼女は狼狽し、頭が叩きのめされたかのようだった。

天上の音楽を奏でる異界の人物という不気味な導入は、私たちが知っているリアリティの外の領域へと夢を置く。レイラは大きな鍵を持っており、それは、この奇妙な場所を開くかあるいは読み解くかする手段 device である。その鍵は夢の意味を解く無意識への鍵だと思うが、彼女は鍵を落としてそれをただ見ている。もう一度手にするのだろうか？　という疑問が残る。

前の夢では、彼女は意識の敷居である玄関に立っていたが、ここでは夢見手は枠を通り抜けている。境界領域から出て、非合理なリアリティの中へ足を踏み入れている。非合理な生は、合理性に劣っているというのではなく、それを越えているのだ。『荒野の狼』の、落ち着いていて、合理的なハラー教授が、「神秘の劇場——入り口は誰にでも開かれているわけではない」に足を踏み入れるのを、再び思い出す。ハラーのようにレイラは、無意識の異界性 the other-worldliness を知るために、合理的な感覚を置いて行く。ある期間、方向を見失っていることに持ちこたえられねばならないし、誰にとっても〔このようなことが起こる〕というわけではない。そしてそれは気が変になったと感じられるかもしれない。

今、レイラは他の女性たちからは離れている。これまでのような女友達との付き合いをすることはもはやできない。

私はレイラに原始的な部族におけるシャーマンの役割について説明をした。時には、生まれた時シャーマンになるよう指名される人もあれば、同族の者たちへの特別な責任を示す徴候が夢に訪れることもある。いずれの場合にも、シャーマンは招命によって引き離され、部族の一団の外に住む。シャーマニズムへのイニシエーションの儀式は驚くべきものである。彼らには、身体がバラバラになるヴィジョンないしは夢が、必然的なものとして生じて来て、その後再び身体は統合される。シャーマンが異界の次元に到達すると、象徴的な死と再生が生じる。シャーマンは下界に行き、失われた魂を取り戻したり、死者の魂をさらに上位の領域へと連れて行けると信じられている。シャーマンの精神 spirit は心の宇宙のあらゆる領域へ旅することができる。

ある原住民の文化では、今日でもなおシャーマンは崇められている。私たちの文化の主流の大部分では、シャーマンの独特な才能（あるいは宿命）を認めていない。それにも関わらず、彼らはまだ私たちの中に生きている。彼らは、無意識という下界にまで集中して降りて行くのを耐え抜く人たちであり、自分の自我がばらばらに裂かれるのを感じている。また彼らは、集団の期待ではなく自分自身の魂の欲求に沿って生きている。

ガラスのビーカー（序章ではフラスコと書かれている）のグロテスクな女性の夢（序章で述べた）は、このシャーマンの夢の数週間前に生じてきた、身体がバラバラになる夢である。前の夢は、彼女の心的生活が、自己 Self のなかに符号化された彼女特有の型に従って、変容するかあるいは再統合されるか、するために、レイラの自我とペルソナが消滅していることを示している。夢は比喩的な言語で私たちに語り掛ける。夢は、レイラが文字通りのシャーマンだといっているのではない。シャーマンのように、彼女は内面の深みへと降りて行き、彼女の存在の源泉に触れたことを意味しているのだ。ある意味ではシャーマンのイニシエーション儀式と同様に、彼女は新しいヴィジョンを作り上げながら、自我が命令する構造 ego-imperative structures がバラバラになる体験をした。同時に二つの世界に生きながら、彼女はそれらの間の緊張を保ち続けている。

レイラ Leila McMackin

この夢によって、私の混乱は強まりました。ナンシーがいうには、シャーマンというのはその地位になるべく生まれついた癒し手で、だから選ばれたことになるのだそうです。彼女は私に、自分のこととは分け〔て考え〕るようにとアドバイスをしてくれて、シャーマンはときに、幼少期にそれを〔シャーマンに生まれついたということを〕示すような体験をすると付け加えました。天の川に飛んでいくという、長らく無視されてきた私の子どもの頃のファンタジーも、たぶんそのような体験だったのだと思います。星がもういちど私を呼んでいたのでしょうか。あえてそのメッセージを拒絶したのでしょうか。

天の川に関する先の夢によって、私はそのファンタジーと再度結びつき、そのあとシャーマンの夢をみたのです。あるいは、私が夢の声を聞き違えたのでしょうか。自分と議論を交わしながら、狂気に陥るという途方もない恐怖にほとんど打ち負かされそうになりました。振り返ってみると、心理学や想像性に対する私の家族の態度が、恐怖を育てたのだとわかります。この心配はしばしば姿を現しました。

自分が、安全で正気を保てると確信できるほどしっかりと地に足をつけたまま、その異界 that other world にいると認めらるようになったのは、ずいぶんと時間が経ってからのことです。数週間が過ぎても、夢のことで頭が一杯で、家族や友人とは距離を感じました。私の孤独さは深刻でした。他の人たちは、なにをすべきか、どこに向かうべきかをわきまえているかのようで、自分の人生を満喫しているように見え、自分だけ取り残され、すべてから切り離されている感じがしました。想像に身を任せることが私の支えでした。クリスマスが近づいていましたが、この季節を、「下からの縫い目」の夢でみた私の個人的な十字と関係づけるために、「クリスマス Christmas」ではなく「Xマス X'mas」〔Xが十字の形をしていることから〕という言葉を使いました。

メトロポリタン美術館を訪ねて、どの展示場に入るかもはっきりせずに群衆のなかを歩きまわりながら、名前は忘れましたが、ある聖者の言葉が突然私の心に浮かんできました、「いかなるイメージでも、真の黙想は祈りとなる」。豊富なイメージ〔展示されている絵画のこと〕に囲まれて、ある部屋への入り口のところに立ち止まり、ある特定の作品に引かれる感じがするまで待つことにしました。こうしてみたときに、私を繰り返しひきつけた表現は、受胎告知、処女マリアと子ども、悲しみの処女 Mourning Virgin でした。すべて男性によって描かれた作品でした。その後数ヵ月にわたり、孤独で過ごした長い時間に、女性として、私なら彼女をどう描くだろうかとじっくりと考えました。そうすることが、自分の人生を称えることになると思えたからです。

私の内的なドラマは、たしかに神秘で、寝てからも目を開けて夢を待ち、しっかりと見つづけなければ、自分自身の感覚を失いました。夢が必要なのだと受け入れることで、片足を内的世界に、もう片足を外的世界に置く必要性が見えてきはじめました。この微妙なバランスをとることは私の能力を超えているように思われましたが、実際、そうすることができるようになるまでには、さらに数年が必要でした。

私は自分自身から隠れようとしているのでしょうか。何ヵ月ものちに、このシャーマンの夢は、私がまだ、自分の家を欲しがり、自分の人生〔生活〕を欲しがる女性と同一化していることを語っていると悟りました。この夢は、私自身の個人的な道を見つけるよう、私に挑んでいたのです。

ナンシー　Nancy Qualls-Corbett

レイラの以前のマリアの夢や、彼女が処女マリアの絵画へと惹き付けられたのを考えるならば、ユングの以下のコメントは記すに値すると思う。

分析は、われわれを捉えた体験、あるいは天から降りかかってきたような体験を解き放つものでなければならない。そこで解き放たれる体験とは、古代人に生じたような、実体と肉体を持つ体験である。もしそれを象徴的に示すのであれば、私は受胎告知のイメージを選ぶだろう。(14)

20

鳥の飛翔

The Bird Launching

私は、鳥を空中に打ち上げることを任された三人の女性の一人である。作業をしているのは、conservatory〔音楽学校と温室という意味がある〕の丸い建物のなかで、多数の観客が座れる座席の列が山のように連なっている。その鳥を羽ばたかせてくれる最後の二枚の羽をどこに置こうかと考えている様子を観客が見ている。その鳥は、とても大きな白く美しい鳥で、ぶら下がっている止まり木に石のように固く止まっている。これらの二枚の羽を留める場所がなくて、私たちは困り果て、いらいらしてくる。

横目でちらりと見ると、窓の上に、太いワイヤーからぶら下がっている何も止まっていない止まり木が目に入り、ワイヤーは丸い形に曲げられている。ワイヤーからぶら下がっている付属品があり、それは小さな止まり木のように見える。即座に、それが必要としていたものだとわかる。男性に、上がって、その付属品をはずして持ってきてほしいと頼む。彼は梯子を登ってそれを取り、私に手渡してくれる。私たちは羽を固定する。するとうまくいく！　他の二人の女性は鳥を抱えて、打ち上げ塔の窓のところにいく。私は戸口の後ろに立って、揺れている止まり木にそれを戻すように彼女たちに言う。彼女たちは言うとおりにして、鳥は飛び立っていったが、それを見てわくわくする。じっと見てそれから目を離さないようにしていたが、たくさんの鳥がいたので、見失ってしまう。

美しい鳥を飛び立たせようとしている三人の女性は、女性性の心の三段階、つまり少女、成熟した女性、老婆と結びつけることができる。また、レイラ個人の物語とも関わっている。彼女の自我、彼女の影（つまりそれは黒髪の女性なのだが）そして彼女の分析家。分析家とは、レイラが夢を話す実在の人物である私というわけでは必ずしもなく、分析家のイメージは彼女の内的な分析家として今や内在化されているのかもしれない。このイメージは、無意識のイメージを比喩的に見、それらについてある程度の客観性を保つことができる、心の能力に関係しているだろう。

夢の設定は温室あるいは音楽学校であり、自然の美しさが披露されるか、あるいは音楽学校のように美しい音を送り出す場所である。一方で、その言葉は、conservatism（「保守主義」）と同じ語源で、そこでは、個人よりも伝統や社会的な制度の方が重んじられる。ちょうど古い伝統的な価値（飛べない鳥）を維持する姿勢から、個人の自然の美を認めたり、個人の魂の音楽に耳を傾けたり（飛翔する鳥）することへ移動するかのように、ここでは両方が重要である。温室（あるいは音楽学校）の丸い形はまた、ギリシアでは避難所、害から護る安全で小さな聖なる場であった神殿の聖域、temenos のアイディアを示している。神性が顕れたのは聖域の中だった。レイラが精神的な次元へと移動するために容器 container が提供されているので、この概念はここでも同じように当てはまる。

三人の女性は課題を与えられ、自分たちの力を合わせねばならない。石のような鳥を飛ばすにはどこに二枚の羽をつければよいのかという課題を解くのに、各人の才能が求められる。羽は鳥を表象しており（部分が全体を代表している）、おそらくこの場合、「鳥であること」の本質を失っていることで、鳥は飛べないのだ。息ができないようにされるとか、閉じ込められると感じる状況のことを「羽が切られている」というが、まるで魂が飛べないといっているかのようだ。あるネイティヴアメリカンの間では、神聖不可侵なものとするために、物に羽を付けるのが習慣である。物理的な世界の側面である物体が、こうして精神的な世界の側面となる。しかし夢の中で、鳥は荘厳であるにもかかわらず、石のように硬くなっていて舞い上がれない。その鳥が飛べないのは、飛ぶのに必要な起動力――聖性が賦与される要因が付けられていないからである。

前の夢で、様々な男性のイメージをアニムス、精神として述べたが、白い鳥は、人間的個人的な要素、内的な男性性から個人を超えた水準まで進んでいる。宗教画で、白い鳩が精霊を表すように、美しい白い鳥は精神を象徴している。夢の中の鳥は超越機能を表象し、対立物を仲介する心の原動力となるが、飛べないということはこの機能が働かないことを示している。態度は硬いままで、動きがない。

超越機能は、ある心的状態から別の状態への移行を促進し、意識と無意識とを仲介する。しかしながら、自我がパーソナリティの中心として立っても、自己と協同しなければ超越機能は働かない――石のようになり飛べない。これまでの多くの夢で、新しい黒髪の女性のイメージが現れると、夢見手は逃げ出していた。それは、夢見手の自我の硬直した制御のために、超越機能が無意識と意識の間を仲介できていないかのようだった。

夢の中で、自我の頑固さは、飛び立たせる装置として必要なもの――丸い形になったワイヤーの枠――、曼陀羅、全体性の象徴であるが、に気づくことによって修正されている。光と闇、身体と精神、男性性と女性性、意識と無意識、全てはこの全体性の枠の中に含まれている。それは男性性の合理的な思考機能であるロゴスを伴って上昇を始めており、この可能性に手が届きそうである。

羽を付けるのは、存在の神聖な側面を崇めながら新しい価値を同化することの象徴である。精神についての私たちの概念が、上や外に向かってのみ投影されていた――つまり、私たちの個人的な心的生活と接触していない――ならば、私たちの生は石の鳥のように硬くなってしまう。羽を付けるというのは、投影を自分自身のものとして統合するために引き戻すことを意味しており、こうして精神の開放が可能になる。もはや、石に覆われてはおらず、精神は飛翔する。精神が飛翔するのを可能にするレイラの忍耐は、彼女の中の精神的な要素のイメージを開放するだけではなく、見ている人たちも同じように体験をともにすることを可能にする。夢の解決部分では、多くの鳥が飛んでいる。明らかに、個人の精神の解放はドミノ効果をもっている。

美しい白い鳥のイメージは夢の中では珍しくない。レイラの鳥は飛べない。鳥としての能力を失っている。白い鳥が飢えに苦しんでいるとか、木の枝に引っかかっているとか、何らかの形で傷ついている、という夢を見る人たちもいる。このような能力のない鳥は夢見手の個人的な状況を反映しているが、同時に私たちの集合的な意識の状況、つまり世界の精神の傷つきをも示しているのだ。

レイラ　Leila McMackin

何日にもわたって、自分自身に対する希望をもっているように見せようとしても、薄れてしまっていたのですが、石のような夢の鳥が飛び立つ夢に私は興奮して、震撼しました。母親の足を見たときに最初に思い出した神話の教訓について考えました。ヴィーナスは体を粗末にする女性を石に変えたのでした。私はふたたび、自分自身の硬さと直面することになりました。精神 spirit の領域には、まだ探求しなければならないことがたくさん残っていたのです。夢をみた頃は、それまでしつこく続いていた抑うつの発作は、それほどひどくはならなくなりました。他の人といても、すこしくつろげるようになりました。なにか石のようだったものが、ついに奇跡的に、私のなかで活気を取り戻したかのようでした。白い鳥のことです。友人たちは、私を見てその変化について話してくれ、自信と活気という新しい感覚を目の当たりにしました。

一日の初めに、私は立ち止まって考えるようにしました。ちょうど、メトロポリタン美術館の多くの出入り口で立ち止まって、目に見えない琴線に引かれて前に進むのを待っていたときのように。反対側に黒髪の女性がいると想像し、陽の光を浴びながらデッキチェアに座るよう誘い、サンドウィッチを食べ、友人に電話したり、野の花を楽しむために道を歩くよう誘う。自分に何かするように強いることはしませんでしたが、体がそこまで動き出すのを待ちました。その場の雰囲気が流れるままに任せたのです。私は自分の本能を信じ、これによって深い満足が得られました。同時に、この目に見えない琴線が私の身体性と夢の象徴的な世界とのバランスをつくりあげる手助けとなり、自分の選択を確認することができました。もう暗闇のなかで迷っているという感じはなくなりました。

精神が私に元気を吹き込んでくれているのがわかりました。もちろん、これは夢を振り返ってみてわかることで、鳥の羽が私の精神に飛翔を与えてくれたと理解するまでには何年もかかりましたし、処女マリアによって強調された賛美 celebration を見つけることができるようになっているということも徐々にわかるようになりました。

この賛美は、性的な情熱以上のものを含んでおり、性的な部分から始まったとはいえ、それは実際には目覚めへの使命を帯びた発射台であるかのようです。ようやく私の性《sexuality》と精神性《spirituality》とがいっしょに到来することが可能となったように思われました。

21 イースターエッグ

Easter Eggs

公式晩餐会に集う人の群れ。自分が皆から離れて一人で立っているのが見える。金の輪がついた長くて重い黒の式服を着ている。自分にはどこか変わったところがある。大きな宴会ホールの上段のテーブルのあいだを歩きまわり、私の名前が書いてある座席札を探す。それぞれの椅子の後ろには男性が立っていて、男性の前にある空いた座席に座る女性を待っている。ほかの女性たちは自分の座席を見つけていくが、私の座席札はない。ホールの下段におりて、復活祭卵を売っている店に入る。女性が私に見せてくれた卵は大きくて美しく、私にも買える値段だ。

シャーマンの夢でもそうだったように、またしてもこの公的な場にレイラの席はない。彼女の名前は、そこに座るべき人々の中には連ねられていない。彼女に指定されているのは社交的な場所以外のどこかのようだ。自分には何か違っているところがある、自分はもはや、集団の他の人たちとは違う一つの個なのだ、とレイラが気づいたのは、重要な洞察の瞬間である。

レイラの優雅な黒のガウンには金の環の装飾が施されている。ずっと以前の夢では「母親の服」を着ていたし、「運命の女性」でのタイトなサテンのいでたちでさえ、これと比べれば顕著な差異がある。その姿には堂々とした感じがある。ガウンを飾る金の輪は以前の夢の、金のクロスステッチをした織物との類似が見られるが、大地の下（無意識の中）に隠れているのではなく、この宝物は意識的なパーソナリティの一部になっている。自己の象徴である金の輪の付いた黒のガウンのおかげで、〔レイラは〕真に自分自身を見つめ直せるようになった。

金の輪はまた、自己との正しいバランスをとっている自我のありようを示している。金は、太陽や太陽の意識と関連のある高価な金属であるが、不死や清廉潔白の象徴である。長い間隠されていた宝〔それが金であれば〕は、大地や水中の墓から取り戻されたときも、変色していないので、金は永遠のもの、あるいは神に関わるものと考えられた。この意味において、その金の輪は自己の象徴と見なせる。

集合的な意識の中には居場所を見出せず、レイラはさらに深い次元へと降りていく。そこで、イースターエッグを売っている店を見つける。卵は潜在力のある in potentia——全てが中に含まれている——生であるが、まだ孵化の準備はできていない。しかしながらそれはイースターエッグという特別な卵で、そのことにはとても重要な意味がある。古代、大地の女神アシュタルテ〔フェニキアの豊穣・性愛・多産の女神〕を崇めた春の祝いの儀式の間、卵はハーブや土から作られた染料で彩色された。そして今日でもそうだが、卵はレイラの夢でと同じ象徴——新しい生の徴候——を担っている。初期のキリスト教では春はキリストの復活を祝う季節であり、女神崇拝に起因する多くの異教の習慣や春の儀式が、キリスト教の習慣へと持ち越された。彩色された卵との関連でいえば、私たちの文化の神話ではイースターウサギが卵を持って来ることになっている。この神話はまた古代の儀式とも関係がある。というのは、ウサギは太母〔グレートマザー〕の動物であり、繁殖力とも関連がある。

夢は、レイラを公的で社交的な場の、集合的な状態——優雅でマナーがよい雰囲気——から追い出し、新しい生と豊穣のパラダイムと繋がり得る、さらに深遠な次元へと向かわせる。これは必ずしも子どもを生むなどといったように身体的に多産である必要はなく、心理学的な豊穣に関連している。〔レイラは〕卵をもらえるというのでもなく、ただ見つけるというのでもない。彼女は買わなくてはならないのだ。通常、お金は交換のための手段と考えられるが、必要なものや欲しいものを得るために動く心的エネルギーをも意味する。

ここで、レイラの心的エネルギーは、成長のより深くて肥沃な領域へと彼女を導いていることがわかる。文字通りのお金という意味ではなく、譲歩するという意味で、それにお金を費やさねばならない。彼女は新しい生を展開していくために、これまでの自分の感覚に馴染んでいるものを諦めねばならない。レイラが卵を買ったのかどうか、それはつまり彼女が新しい生活を獲得するのに何かを諦めるかどうかということであるが、そのことについて夢の最後は語っていない。〔しかし〕彼女にとってそれが有効であるということだけはわかっている。

この夢をみた朝、夫と私は、私の両親を訪ねました。その晩の夢のイメージからあえて離れることはしたくなかったので、会話を避けるために車のなかでは寝たふりをしていました。途中で、レストランで停まり、夢のなかと同じように、洗面所の鏡の前に立って自分を見たときに、金の輪がついた黒の式服こそ纏っていませんでしたが、すこし違って見えました。鏡に映った自分の姿は、あれこれ〔彼の〕意見を求めなくても車のなかで待っている男性と関係をもてる自信をもたせてくれました。母が教えくれたように、「彼を褒めたてる〔持ち上げる〕」必要はありませんでした。私のなかから現れてきた女性は、心からの話しかたができました。難民がついに自分の声を見つけようとしていました。笑いながら私は彼の隣に乗り込んで、残りの旅を楽しみました。

私は励まされました。というのも、この体験は、姿がぜんぜん映らなかった粘土の鏡のイメージとはまったく対照的な体験だったからです。前進しつつありました。晩餐会に着いてもテーブルに自分の場所を見つけられないということが、それがたとえあれこれ仕事を言いつけられた給仕のちょっとした間違いにすぎなかったとしても、あるいはおそらく私が招待状にちゃんと返事を出していなかったせいであっても、長いあいだ、私の不安の種だったのです。いまや、夢のなかで、それを切り抜けました。私に染み込んでいた、取り残されるという不安に、さらに取り組む必要がありました。一人で祝うことが要求されていることに怯えました。

その後数年は、自分の二本の足で立ち、社交的な世界に頼る必要がないことを悟りました。もちろん、この自分自身という感覚を失うことはよくありました。自分の強さをふたたびみいだしたいと熱望して、自分が離れて一人で、金の輪がついた黒の式服を纏って立っている場面を思い描きました。

私のペルソナを飾り立てる小さな嘘にさらわれながら、自分の考えに耳を傾けつつ自分の動きを眺めるという二つのことをするようになりました。いわば、母の着物を脱ぎ捨てようと意識していたときよりは、物事がよく見えるようになりました。当時は「周りの人にどんなふうに見えるかしら」とたえず気になっていましたが、いまはいちいちチェック必要はありませんから。大切なのは、どういうときに、思わず以前のような関係のとりかたをしようとしてしまうかに気づくことであり、それぞれの場合をこつこつと記録するようにしました。

同時に、食事のときに私の椅子を引いてくれる男性を求めることも断念しなければなりませんでした。同様に、夫が開けてくれないドアを通って歩いていくことも学ぶ必要がありました。比喩的に理解すれば、これらを期待するような古い考えが私の発達を妨げていたといえるでしょう。以前の私がとりくんだイメージと同様に、これは、刺激的であると同時に、怖いものでした。過去のように夫をひどく頼るということはありませんでしたが、完全に自立しているとは思えず、夢もそれを主張しているように思われたのでひやりとしました。

集合的な状況になると、たとえば家族が集まるとか、夢のなかのようなパーティといった場面では、たくさんの「目」が私に向けられて、まるで私のことを裁いているかのようにそれに反応してしまうことを自覚するようになりました。

復活祭卵を新しい人生と結びつけることで、クロゼットの子どもに作ってあげたウサギのことを思い出し、私の癒しは、そのような本能的な行動から生じてくるのだということを理解しはじめました。そういう素朴なおもちゃを作りたいという衝動が自然に生じてきたのです。それにもかかわらず、卵によって予告されているような新生を成し遂げるために、むしろ低い次元に降りていく必要があることに狼狽しました。

　ある朝、浴室の鏡を掃除しているときに、華奢で、白髪混じりの、不安げな女性の姿を見て、夢の中で見た自分の姿にほかならないと思いました。たいてい、自分のなるべき姿を夢でかいまみても、遅かれ早かれ、そのイメージは霧散して、もう現れてこないかのようで、曖昧さだけが残りました。疑念が、復讐の念とともに生じてきました。強い力で過去のほうに引き戻されました。ただ心が震えて絶望に落ち込み、すべて間違っている〔歪んでいる、曲げられている〕といいたくなるのでした。黒髪の女性は私の体から消えてしまい、彼女といかにもういちどつながるかが一番の問題でした。

22

黒髪の女性が戻ってくる

The Dark-Haired Woman Returns

高校時代の友人の子どもの頃の家に行く。風呂に入ろうとしたが散々だった。まず、服を脱ぐことができなくて、次に浴槽がなく、水も充分に出ず、冷たかった。それで、家に戻る。夏風 Summer Wind という家に。ここは自分の浴室で、入る準備をしっかりとする。広くて華やかな浴室だ。小柄な、黒髪の女性が入ってくる。おたがいの服を脱がせて、立ったまま抱擁し、おたがいの胸を愛撫する。私は、彼女の腕の下の髪の房に触れて、おたがいに対する愛について語り合う。私が浴槽に入ると、浴槽に片隅に美しい軟膏の瓶に気づく。そのラベルには、ブロック体の大文字で FRENCH という言葉が印刷してある。反対側の蛇口の上には、立派なスタンドがあって、バラの形をした赤い石鹸が置いてある。

この夢からは、夢見手が黒髪の少女と出会い、互いの身体を探り合うというずっと以前の夢のイメージを思い出す。その夢で二人の少女は後に結婚することになっていたが、当時レイラの心理学的な生を支配していた厳しい母親コンプレックスの象徴である厳格なオールドミスという人物の登場によって、その時にはそうはならなかった。この夢も似たような状況ではあるものの、結果は全く異なる。その夢は、その間に生じた気持ちの変化を、その前後を対比させて描くかのように、はっきりと描き出している。

夢の始まりのシーンで示されているように、性、熱情、愛そして関係性について、女子高生の感受性では、古い思い込みを洗い流すのは無理のようである。そして、実際そうなのだ。その心的傾向〔考え方〕——元来疑問の余地のない真実として受け取られていたあらゆる凝り固まった命令や訓戒——は「洗い流され〔浄化され〕」ねばならない。入浴という行為は、蓄積した汚れを取り除き、リフレッシュし、身体をいたわることである。熱い湯船に浸かると強張った筋肉はリラックスし、身も心も和らぐ。洗礼の儀式のように、夢の中で、水は魂の汚れを免除するための心理学的な浄化剤として用いられている。

浄化は、古い思考体系の中にいると生じて来ないことがわかったので、夢見手はそれが可能なところに移動している。心のリビドーは思春期の態度から離れ、夏風という場所へ導かれる。入浴をするこの新しい場所の名前は、なんと適切（そのうえ詩的）なことか。宗教や神話学の考えでは、風は創造的な精神の象徴である。例えば、乾いた骨に生命をもたらすために、エゼキエル〔紀元前六世紀ユダ王国末期の預言者〕は四つの風を起こした。また、風のように聖霊が家に満ち溢れる聖霊降臨日の奇跡を思い起こせば、〔風は〕再生とも関わっていることがわかる。

キリスト教の文書以前でさえも、太陽の神にはファロスのような長い筒がくっついていて、そこから光を放つ生殖力のある風が生じて実りをもたらすと考えられていた。多くの詩人たちは風の比喩を使って来た。コールリッジ〔英国の詩人〕の『老水夫』では、風（精神、スピリット）は、淀んだ静けさを動かす力。創造的な精神を駆り立てるエネルギーは、死んだように動かない無力状態に対抗する。過酷な冷え冷えとする冬の風とは異なり、夏の風は、シェークスピアが『ヘンリー五世』で書いたように、「涼しくてほどよい優雅な風」。レイラが、動きのある創造的な精神で洗われることになっているのは、夏の風の家においてである。繰り返しになるが、これは必ずしも何か芸術的な形を外的に作り出すという意味の創造ではなく、自分の人生をできる限り真に生きるという意味で考えられねばならない。

優雅な浴室でレイラは再び黒髪の女性に会うが、その女性は充分に成熟し、もはや少女ではなく、女性としての存在の美しさが認められる。レイラは、かつて貶め、抑圧していたものへの愛情をはっきりと表明する。これは浄化のプロセスの一側面である。豪華な浴室には、まるでこの儀式的な浄化の重要性を強調するかのように、必要なもの――FRENCHという軟膏の装飾が施された瓶、薔薇の形の石鹸――が全て揃っている。食べ物、ワイン、音楽、芸術のような感覚的な楽しみは――そして確かに愛情や情熱も――、集合的にみて、他のどの国よりもフランス人と関係がある。夢見手の浄化のプロセスには、身体の快楽を象徴する名前のラベルが貼ってある軟膏の容器も含まれているであろう。

赤い薔薇はアフロディテの花であり、成熟した薔薇の開いている花弁は、女性の生殖器を喚起させる。このイメージはまた、特に感覚と性に関する彼女の女性性の本質についての、個人的な誤解を浄化するのにも役に立つ。シャワーを急いで浴びるのとは違って、入浴の快感を楽しむと心身ともに若返る。精神と身体の相互関係は、レイラの意識の目の前に来ている。身体が精神を必要とするように、精神は身体を必要とする。互いに生命を与え合い、身体は精神を受け取って鼓舞され、精神は身体を受け取って形あるものに体現される。

黒髪の女性についてはもう一つ連想があり、私はそれをレイラに言ってみた。それは聖娼のイメージであり、身体と精神の統合の典型である。古代、多くの神や女神が崇拝されていた頃、聖娼はアフロディテを奉った神殿の巫女だった。聖なる境内で、愛の行為は、礼拝の一つの方法として提供されていた。女神からの愛の贈り物を人間の精神にもたらす方法として、聖娼はこの世にうんざりしている男性を性的に受け入れた。彼女は、本能的な性に愛のエクスタシーを吹き込んだ。その行為自体も、またそのような贈り物を提供する巫女も、無節操だとは見なされなかった。今日では、大きな疑いをもたれるかもしれないけれど、当時巫女は高潔で、その愛の行為は聖なるものと見られていたのだ。

不妊であるとか、セックスに喜びを見出せなくて自分の身体を蔑んでいる女性たちもまた、聖娼を通してアフロディテの祝福を求めた。聖娼は、愛の行為の技術や身体を慈しむ術を教え、彼女たちが美しくて、求められており、受容的で情愛があると感じられるようにした。このようにして聖娼を訪れた女性は、恭しく愛の女神を崇拝したのである。

優雅な浴室に現れる黒髪の女性は、聖娼の持つ属性と似たものを持っていて、同じような機能を提供する。前に述べたように、黒髪の女性のイメージは、レイラの影の要素の側面を担っているが、それは個人的な無意識の抑圧された素材以上のものだった。聖娼に関連して、黒髪の女性もまた元型的なイメージであり、愛の女神が人間に体現されたものである。

集合的な無意識の一側面である元型は、自然な普遍的なイメージであり、本能に形や方向を与える塑像である。意識に突入してくると、元型的なエネルギーは、意識的な理解を修正し、再構築する。一旦絶対に正しいと思われた私たちの信念の体系は、意図的な選択によって変わるのではなく、心の深いところにあって全体性を目指す圧倒的な力によって変えられる。

レイラ　Leila McMackin

目が覚めると、赤いバラの石鹸のイメージをもったまま、ベッドから鏡のところに駆け込みました。ふたたび、鏡に映った姿に変化が起こったように見え、肌に当てた湿ったタオルが気持ちよく感じられました。歯を磨きながら、黒髪の女性の存在を感知しました。夢を記録したあとで、こう書きました、「彼女がふたたび現れた、そして私は彼女の恋人だった！」と。私の血管を巡る情熱の炎に感謝をつぶやきました。

私を天の川に連れて行ってくれた素敵なダンスを思い出しながら、腰を揺らし、私の体の生命力を楽しみました。分析を始めてからというもの、鏡のなかで飢え死にしそうだった女性のイメージから始まって、長い道のりを歩んできました。浴槽でゆったりとしながら、私はしばしば、黒髪の女性の存在を認めるために、指先を体の曲線に沿ってなぞりました。彼女はほんとうにこの体のなかに住んでいたのです。

しばしば、出かける準備をしているときに、痛みに、——焼けるような痛みに、しばしばホームシックと呼ばれるような傷ついた感情に——、襲われました。服を着ることができなくて、予定をキャンセルしました。それを避けるためには、私の外出の服一式を選んだのは黒髪の恋人だと意識して、選んだ服をするりと着なくてはなりませんでした。彼女が愛を打ち明けてくれたことが私の頭のなかでこだましていて、それが聞こえると心が和み、自分の独特な美も知ることができました。そうして痛みが治まり、ドアをさっと開けることができるようになりました。自分の人生に直面することができない子どもの痛みが癒されたのです。

夫と愛を交わしているときに、黒髪の女性のことを忘れると、プレイボーイの中央見開き頁の女性のように、髪の毛がきらきら輝き、完璧な胸とすらりとした足の均整の取れた体をしているかのようなふりをすることになりました。かつては、妻としての義務からこうしたものですが、自分の体を大切に扱うことを妨げるような、こうした虚偽はやめようとしていました。いまや私は、自分の体の自由な動きをおおいに楽しんでいたのです。私の黒髪の女性は、魅力的な遊び相手となり、彼女がそうなるように励ましてくれた女性になることに専念したいという気持ちが強くなっていました。

パーティで人ごみのなかに立ちながら、取り残されて面白くなく、この不満が、そこにいる人々から疎外されたために生じているのではなく、黒髪の女性と疎遠になったために生じているのだということをみいだしました。彼女が私の肌を愛撫してくれたことを思い出しながら、私はリラックスして他人とも話ができるようになりました。

私は、二年まえの難民の宣言、「どこに向かっているのかわからないが、行かなくてはならないことだけはわかる」という言葉を頼りに、自分の方向を定めてきました。夢を探求することによって、夢に浮上してきたことはどんなことでも扱うと決心することによって、着実に、抜け殻の人間に中身を与えようとしてきたのです。

その春に母が亡くなりました。私は明るい色のスカートに紫のベルトとをつけて自分自身の守りを固める感じでしたが、その色はまさに、母が「平凡だ」と考えていた色でした。にもかかわらず、葬儀に参列したときには不安に呑み込まれました。私は、家族に感じよく思われたくて、黒髪の女性の温かさは遮られて、機械的に、親切で社交的な人間としてふるまうことができるだけでした。

23

黒髪の女性は私のセラピスト

The Dark-Haired Woman Is My Therapist

私のセラピストは、美しい黒髪の女性だ。シルクのパンツをなびかせながら着こなし、輝く髪が肩のあたりで揺れている。彼女は、離れた町にある彼女の新しい事務所に私を連れて行く。お下げ髪をしたそばかすのある少女が、楽しそうに私たちのセッションに加わる。セラピストは静かにしているならいてもいいと言うが、もちろん少女は静かにしていられない。ホースのついた汚れたゴム製のカバンが少女の目に留まり、セラピストにそれが何かを尋ねる。セラピストは浣腸のカバンだという。少女はそのカバンに水を入れて私のほうにそれを持って歩いてくる。少女は言う、『そう、いままであなたが出会った人のなかには、それを持って行くべきだという人もいるでしょう』と。私は彼女が手に持っているそのカバンを叩き落して、叫ぶ、『いいえ、私には必要ないわ』と。セラピストは手をたたいて『上出来です』と言う。

母親の死後に続く何ヵ月かは、想像通り、レイラにとって葛藤に満ちたものだった。

自分の人生に、もう病気の歳老いた母親はいないという安堵の気持ちと、母親との葛藤が解決されることがあり得なくなったという悲しみとの、相反する情動に交互に捉えられ、レイラは暗闇と絶望の時期を体験した。母親の身体から最後の一息が去るのを見つめ〔母の最期を看取り〕、棺に土がかぶせられるのを見ても、内的な苦闘から解放されなかった。彼女は自分を産んでくれた女性を愛してはいるものの、なお、〔自分の〕人生の、まさに本質をめちゃめちゃにしたということで憎んでもいた。彼女は「母親らしいことをしてもらっていない unmothered」。再び、クロゼットの子どものような、レイラの〔中の〕感情的な子どもの絶望が、意識の最前線へともたらされた。

心の癒しは回りくどい。まず初めは切り離されている側面についてやり、そして馬跳びのようにしてラインの先頭まで行き、別の〔側面〕をやる。終わりにしてから――あるいはそのように自分で思ってから長く経った、以前の素材やイメージを再び私たちはなぞるように見える。そのたびにコンプレックスが布置され――大抵外的な出来事によってそうなるのだが――、心の反応やそれと結びついた情動と直面することになる。私たちはイメージに直面し情動を感じるが、螺旋を描くようにその都度どんどん深まっていく。浄化の入浴によってレイラは女性性の側面や性を取り戻したものの、おそらくさらに過酷なトラウマを意識的に理解し、扱わねばならなかった。この夢が意識にもたらしたイメージは、浣腸のカバンとレイラにとってそれが意味するあらゆることだった。

夢のセラピスト、つまりレイラの内在化されたセラピストは、自由で流れるように美しい。彼女の服や髪の毛のゆったりした感じは、自然の流れに応じて出来事が生じるのを認めようとする能力を示唆しており、これはちょうど川が自然に流れる方向を見出すようなものである。流れは下方に向かっており、セラピストがレイラを新しい場所に連れて行くにつれて更に深くなり、意識的な思考からは遥か遠くになっている。セラピストは、遊び好きな子ども、自然な子どもが同席するのを許している。というのは、治療場面にはその子が必要なのだから。その子が、浣腸のカバンを初めに見つけて、その使い方を尋ねるというのは適切である。なぜならこれは、元気のよい子どもを苦しめる傷を象徴する物だからである。

考えているうちに、熱い浣腸というのは、母親が断固としてレイプのように行ったものだとレイラは気がついた。実際それは子どもの心的生活のレイプである。硬くて見慣れない物体が物理的に侵入するというだけではなく、多くの有害な体験の中で、母親によって娘に加えられた傷woundednessも心理的なレイプであり、それを浣腸のカバンが象徴している。

浣腸のカバンを傍らに叩き落して、夢見手は内的な子どもの成長を護っており、こうして自分自身の良き母親になったのである。

レイラ　Leila McMackin

黒髪のセラピストは、母が亡くなって数週後に現れてきたのですが、いまになれば、それは、私が「死んだ母」のことを考えて、ほとんど常に叩きのめされたように感じていたときのことだった、と理解することができます。「墓の向こうから」という言葉が、余分で不吉な意味を帯びていました。

私は泣きましたが、それは悲しみのためではなく、私自身の人生に母から持ち込まれた否定的側面negativityに対する憤怒のためでした。母がどれほどひどい人だったかということについて、自分や他人に向かって有無をいわさず語った言葉が、私の耳のなかで鳴っていました。彼女はほんとうに私のなかで生きつづけていたのです。

この夢が引き出してきた記憶は、私の少女時代をできるだけ遠ざけておきたいと願った頃の記憶です。初潮のときから、母は私の下腹痛を和らげるために浣腸をしてきました。母は（夢のなかで現れてきたのとまるで同じように）汚い赤いゴム製のカバンに、沸騰に近いお湯を入れて、シャワーのカーテンの棒に吊り下げ、それから浴槽の横の椅子に座りました。それが彼女〔母〕の母が彼女にやっていたことだと強調しながら、私を母のひざに寄りかからせてノズルを挿入し、我慢するように言って急いでもっとお湯を入れたのでした。私はいつも泣きながらやめてほしいと頼みました。彼女は私をしっかりと支えて、そうすれば痛みが和らぐと言い聞かせました。大学を出るまでは、月のものがくるといつも、浣腸が私の生活の一部となりました。その場面を再体験することで、私は実際には一種のレイプのような体験をしていたのだと悟り、〔母の〕言いなりになっていたので叫び声を上げることもできず、私の内面にその怒りが吸収されてしまったのだと悟りました。

楽しいことが好きな少女がくれた夢の贈り物に感謝しながら、その後数ヵ月は、彼女のイメージをすぐそばにおいて置くようにしました。私たちのために明るい色のペンを買い、ピアノのレッスンを受け、ベッドでダルメシアンの子犬を抱きました。一度、コンサートに行く道すがら、くるくる回りながら新しいシルクの服がヒュッと音を出すのを楽しみながら、突然、私の内なる子どもの喜びと、内なる女性のダンスの楽しみとが近い仲間であることがわかりました。自分の声に承認を求めるような密告の声が聞こえるときにはいつでも（私に染みついていて克服するのがとても難しい傾向でした）、内なる少女になにか可笑しいことを言ってもらうようにしました。

この遊びの感覚は私の日々に浸透していきはじめ、同じ男性とではありましたが、私にとって二度目と思われた結婚はしっかりとしたものになりました。彼と楽しんだあとで、私たちの空気を甘いものにしてくれた黒髪の女性に感謝を示すために、円を描いて踊ったものです。

亡くなった母の思考が私を悩ませなくなるまでに、さらに何年ものワークが必要でした。そうして、私は自分に生じてくるあらゆる情動を、混乱であれ、怒りであれ、恐怖であれ、満足であれ、信頼できるようになったのです。他人の賛成を求める悪い癖が出ないように注意をはらい、そうしたときには、この習慣的な行為を抜け出すことがいかに難しいかも忘れて、自分に我慢がならなくなってしまうのでした。活動的な赤毛の少女（夢に出てきた少女）が助けてくれました。彼女は徐々に私にとって大切になり、ときに、彼女がクロゼットの子どものアンの親友だと想像しました。彼女たちと話すときには、「ばかげている」というおなじみの批判をしばしば感じましたが、それでも、私のなかに見られた変化が、その反対を乗り越えることに役立ちました。

命に対する情熱が育つことが、自分を肯定することのように思われ、私自身の存在を享受しはじめました。しかしながら、自分の時間の過ごしかたについての疑念はしつこく私を悩ませたのです（「レイラは利己的以外の何者でもなく、ただ自分自身のことだけを考えて自己吟味だけをしている……」）。

24

卑劣なもの

A Foul Thing

彼の姿は見えたが、自分の姿は見えない。彼は船の船倉に住む小人である。彼が行ったり来たりしているのが見える。短い足で跳ねまわり、まるで船そのものであるかのように左右に傾いている。彼は卑劣なものだ。他の人が彼のことを知っているかどうか定かでないが、彼が殺人を犯し、生きるために盗みをしていることを私は知っている。彼の船倉にぶら下がっているのは、腕のない死体で、かつて目だった場所は赤い穴になっている。小人はその死体を、カーテンを引くかのように脇へ押しよける。

この夢からはノーベル文学賞を受賞したスウェーデンのペール・ラーゲルクヴィスト著の『小人』という題名の中編小説が思い出される。物語は、愛する王妃と娘たちのいる優しくて情け深い王が統治する王国についてである。王国は平和で、国民は健康で幸福で、国は栄えていた。

王の従者たちの中に道化師がいた。道化は小人で、宮廷を楽しませ、厳しい状況になると、愚者を演じて他の人たちがユーモアを忘れないようにした。どれほど深刻であっても可笑しさの欠片もないという状況はなく、賢明な小人は、〔自ら〕愉快なおどけで〔身をもって〕そのことを示していた。

王は、道化師の小人にますます頼るようになり、知恵と信頼という属性を彼に投影し、その結果小人はさらに権限を持つようになった。小人は王座の後ろに立ち、王の耳に囁いた。すぐに王の考えや言葉は、小人の考えや言葉だけになった。

自分だけが特別に王に近づけるというだけでは満足できなくなり、小人はもっと権力が欲しくなった。王冠を被って、王国を支配したくなったのだ。小人はまず王女の猫を手始めに、次に王女自身と、女性的なもの全てを殺すことによってまさに国を乗っとることを企んだ。ついに、女王を包む狂気の織物を紡いだ。女性性の支配の原理がなくなると、つまりこれはエロスがないということなのだが、王は他の王国に宣戦布告したり、慈悲のない裁判をしたり――全ては道化師に急き立てられてのことだった――と、非情で、気難しくなり、専制的な支配を行った。予想通りに荒廃、飢餓、疫病が国に押し寄せた。かつては豊かだった王国は荒廃した。

レイラの夢は似たような情況を示している。大聖堂の地下で初めて出会った否定的な、閉じ込められたアニムスのイメージである小人は、今や船倉で命令を下している。大聖堂の構造と船の構造とは関連がある。ラテン語の'nave'は船を意味するが、この語は大聖堂の身廊の意味にも用いられ、脊柱と肋材rib〔丸天井のアーチの力骨〕で支えられつつ構成される非常に高い丸天井は、船体を逆さまにしたように建造される。一方〔大聖堂の丸天井〕は天に向かってそそり立ち、他方〔船〕は無意識の深い水中を進む。

キリストは「私の船の船長」と、また教会はキリスト教の容器といわれることがある。これに対して、あるいは逆に、この悪意ある小人はキリスト教の闇の部分を体現している。例えばシスティナ礼拝堂やフィレンツェの洗礼堂のような中世、ルネサンスの大聖堂の装飾的な像には宗教的な戒律の影の側面を見出すことができる。それは人間と動物の姿を融合した小人のような容貌に描かれていて、生けるものの誘惑者でありまた地獄の亡者たちを拷問するものでもある。彼は不和の種をまき、憎悪を吹き込む。彼は、自分自身や他人への思いやりや関係性を破壊する。

嵐の海、嵐の無意識。晴れ渡った航海ではない。レイラの中核center は持ち応えられない。夢見手は言う、「私自身が見えない」と。文字通りレイラは、自分の核を見失い、無意識から飛び出す悪魔のようなイメージへの扉が開いてしまった。夢の中でこの忌まわしい人物は、支配しているだけではなく、極めて残忍なことをしている。彼は、魂を盗むことで存在being の核の部分を破壊し、腕がないので抱擁もできなければ、眼窩には眼球が入っておらず空っぽなので、将来のことを心に描くこともできない身体にして、放っている。これは、忌まわしいアニムスが支配したときの生き生きとしたイメージである。

分析や深い内観の途中に、自分への不信がしばしば浮かび上がってくる。時間的にも〔長くかかるし〕、エネルギーも使うし、金銭的にも高くつくのだが、この気が変になりそうな過程の目的は何なのだろうか? 損loss をしたと感じるるし、途方に暮れ at a loss もする。疑惑は突然生じて来るが、目的がないということはあり得ない。ある時点で全てが反転するという原理、つまりエナンティオドロミーenantiodromiaという心理学的なプロセスには、不信と疑惑の時期が伴う。全てが薔薇色に見え、最高の時にこそ悪魔は飛び出すのだ！　悪魔は、例えば、自分がこうありたいと思うその通りになっていても、どうしてもっと幸せでもっと満足していないの？　どうして苦しみはなくならないの？　諦めてしまえ！　というような容赦のないしつこい質問をして、自信をずたずたにする。もし私たちがそのような命令に屈服すれば、実際悪は私たちの魂を破壊するのだ。

この夢のイメージは、個人的なものを超えている。つまり、レイラの個人的な心理学だけのものではない。元型的な夢がしばしばそうであるように、この夢は同時に世界の心理学――無意識の集合的な状態をも示している。もしも極端に一面的な傾向が意識の中で最高位に保たれると、反転が生じるのは避けられない。エナンティオドロミーの法則が起こるのだ。今日のキリスト教についての高尚な理想像は、ルネサンスの画家たちがあれ程よく知っていたことを見落としてしまっている。その高尚さの逆の側面――それ自身の船の暗い船倉――を考慮に入れ損なっている。卑劣な小さい殺人者は個人的な悪を越えたものであり、anima mundiつまり世界の魂を破壊しようとしている客観的な悪なのである。

ユングは言及している。

> 厳格なエナンティオドロミーenantiodromiaの法則を免れることができるのは、自分自身を無意識から離し、しかも抑圧によってではなく――抑圧すると、無意識は背後から襲いかかるだけである――、無意識をはっきりと、自分とは違う或るものとして自らの前に据え得る者だけである。(15)

この言述は、自分自身の無意識の影の側面について知ることが、決定的に重要だということを示しているように、私には思える。自分の個人的な生の暗い側面と、集合的な生のそれとを見、真に有害な要因そのものを認め、それを意識することによって個性化が生じる。光と闇、対立物のバランスがうまく取れていればエナンティオドロミーは生じないのだ。

レイラ Leila McMackin

この夢をみたのは、夫と私がとても楽しみにしていた週末を過ごすために州外にドライブしたときでした。自分の神経質さにがっかりしながら、失望することの多い家をいちど離れてしまえば、リラックスできて、最近楽しんでいる黒髪の女性も現れてくるだろうと思いました。なにか、とても変わったことが起きたのです。

こわごわと目を開けて、そのホテルのフリルのついた部屋を見たのですが、この卑劣なもの——小人——がまだ私のなかで残っていて、調子がよくありませんでした。自己非難 denunciation of self が私のなかに押し寄せました。週末でこんなに調子が悪いというのに、平日はどうやって切り抜ければいいのでしょう。四肢がこわばりながらも、夕方のディナーはなんとかなりました。うらやましそうにほかの夫婦の笑い声を聞きながら、小人が私の楽しみの感覚を盗んでしまったのだと思いました。

家に戻ると、数週間にわたって、この小人のことで頭がいっぱいでした。少女時代、私が熱中すると、きまって母に、『自分のことだけしか考えていないわね。膝から下を切り落としてしまうわよ』と言われたことについて考えました。徐々に、彼女が忌まわしい生き物を私のなかに持ち込み、人生を楽しむのは悪いことだという考えを幼い私のなかに染みこませたのだということがわかるようになりました。

一年後に、もうひとつ夢をみました。小人が自分の名前は批判的精神Critical Spiritだと告げる夢でした。当時は、彼が残した毒が私の環境のなかにも漏れ出ていたということを理解していました。母から被った苦しみをやり過ごそうとしていました。再び問題となったのは、「どうやったらそれをやめられるか」ということでした。

答えは平凡なかたちで生じてきました。ある午後に用事で走っているときに、衝動的に夫にオーデコロンを買って、次にプレゼントの機会が来るまで隠しておくことにしました。その夜、議論噴出となり、かたちだけでも関係をとりなそうという雰囲気は失せ、辛口の言葉があふれてきました。自分に冷静になるように言い聞かせました。新聞に手を伸ばして、ふざけながら彼を叩き、そのオーデコロンを取りに走って、彼の首に吹き付けて、その匂いを嗅ぎながらキスをしました。私の楽しいことの好きな子どもが、その日を救ってくれたのです。彼女の存在を自覚するとき、私の傲慢な態度は消え去ります。彼女の勇気によって、小人に操られないですむようになりました。

日記には、ほかの熱中の例も記録してありますが、そうして私の癒しを見る目が発達し、責任をもつべき自分自身に対する信頼も発達していきました。不機嫌な古猫よりも、はしゃいだ子猫のようにふるまおうと注意しました。自分の体が硬くならないように目を配りました。というのも、もしそれを怠ると、心の硬さを反映して、手足も硬くなるからです。すこしずつ上辺をとりつくろうことをやめ、黒髪の女性の温かさを入れられる大きな器になれるよう自分をかたちづくることに集中しました。

数年まえに分析を始めたときには、私は、自分がホロコーストの犠牲者であるかのように生命力を失っているとわかりました。今私は、船倉で腕も目もないままぶら下がっていた死体の真実を、よりはっきりと見たのです。スコット・ペックが講義で、悪《evil》とは生《live》を反対からつづった言葉だと指摘したのを聞きました。私も賛成しました。

この否定性《negativity》は、母の場合と同じように私のなかでも育っていたのですが、夢を信頼することで、ついにそれに好ましく反応することができたのです。自然な子どもの精神が回復されつつあり、私は希望で満たされました。黒髪の女性が、自分自身を見る新しい目を私に与えてくれ、卑劣な小人がそれを打ちのめすことを防いだのです。断続的に彼に妨げられることがなくなるまでには、文字どおり数年が必要でしたが、先の夢の、腕白小僧にも話すことを許した黒髪のセラピストのイメージは、彼の毒に対する解毒剤となったのです。

25 鮮やかな色のおたまじゃくし

Brightly Colored Tadpoles

私は、いっしょに住んでいる他の人たちにあげるために、四匹の黒い子犬を買う。家に持ち帰ったときに、その世話をしなければならないことに気がついて、かなりいやな気分になる——犬はあたりかまわず汚してしまうし、じっとしていないから。同時に四匹のおたまじゃくしも買って、ガラスの丸い大きな丸い卓上容器に入れて、ガラスの蓋をする。ぴたりと閉まるガラスの蓋をしておたまじゃくしは死なないだろうかと、いっしょに住んでいる相手と話し合っている。以前のセックスセラピストから電話がかかってきて、夫とはうまくやっているかと尋ねられる。うまくやっていますと彼女に請合ったが、彼女はやって来て、まるで私のことをチェックするかのようにあたりをうろうろしている。

次に私は鏡を買いに行く。可愛いと思う枠の鏡があり、いっしょに行った人たちは買うように勧めてくれるが、格子模様の金属の線が入っているので、自分の姿がよく見えないからと言って、買うのをやめる。走りまわる子犬を店に返して、代償金を支払うことに決める。でも、おたまじゃくしはそのままいる。おたまじゃくしが泳いでいるのを見ていると、私のまさに目の前で、美しい色に変わっていくようで、どんどん明るい色になっていく。

『幸福とは暖かい子犬です』。これが、子犬に対しての連想を尋ねたときの、レイラの口から出た返答だった。実際子犬というと、顔に近づけると小さな子犬のキスをしてくれる、陽気で可愛い毛のかたまりというイメージが思い出される。ひどいことをしなければ、子犬は全ての人間に同じように反応するので、無条件の愛の縮図である。子犬が私たちに対して嬉しそうにするみたいに、相手が反応してくれると幸せだ。なぜなら心が暖まるから。暖かい子犬の属性は、私たちが他人に与えたり、他人から受け取ったりするエロスという贈り物だ。しかしながら、夢の中でレイラは子犬の世話は汚くて、時間がかかり、あまりにもうっとうしい仕事であると思っている。その代わり、レイラはおたまじゃくしにうっとりしている。

おたまじゃくしは、両生類の動物の早期の段階である。学童たちはこの小さなくねくねしている生き物が、はっきりと見分けられる段階を経ながら成長して、蛙になるときの変態を観察して自然の驚異を学ぶ。大きな頭をしていて、尻尾で推進するおたまじゃくしの姿は、男性の、受胎させる要素である精子に似てなくもない。これが、レイラが魅力を感じた点である。創造的な男性性の構成要素の萌芽は、色や動きは発達の原初的な段階のままで、無意識の水の中を泳ぎ回っているのだ。

夢の中のおたまじゃくしは、きっちり密閉されたガラスの容器に入れられていて、自然の環境にいるのではない。研究室の中にいる被験者のように、このイメージは、この無意識の構成要素が未だに感情によって蔑まれていることを示唆している。研究をする科学者はプロジェクトに熱中し、それを研究することに魅せられるものの、情動的には離れたままで、客体を観察することで観察者に及ぼす影響には気づいていない。色とりどりのおたまじゃくしにうっとりしているけれども、レイラはそれらの刺激的な動きを内的には感じていなかった。発達の初期の幼態動物の段階なので、変態はまだ完全ではなく、おそらく観察以上のことをするには早過ぎるのであろう。

なぜおたまじゃくしであって、例えば芽を出し始めている種ではないのだろうか？　変態の初期の段階にあり、成熟へと向かっている、心のこの側面は何なのかと問うてみたくなる。おたまじゃくしの場合、それは蛙かヒキガエルになるので、おたまじゃくしの象徴に加えて、蛙のシンボルについても見てみる必要がある。

蛙は、水中でも乾いた土の上でも生きる両生類。その意味は曖昧である。民間伝承では、蛙はしばしば魔女か悪魔と関連がある——彼らが混ぜ合わせて作る毒のある混合物の主な材料として——。他方で、蛙の一部分はまた媚薬ないしは愛の妙薬としても用いられる。春には、蛙がゲコゲコと鳴く不協和音を耳にするが、春は、自然が芽吹き、愛の想像力や性欲が表立ってくる季節である。ちょうど蛙の散発性の跳躍のように、無意識のコンプレックスが自発的に意識の中へと飛び込んで来て、心を迷わす。この夢の中でセックスセラピストが電話をしてきているのはそのためである。電話のベル、玄関の呼び鈴、あるいは教会の鐘が私たちの目を覚まし、何らかのメッセージへと注意の喚起をする。全ては「上手くいっている」というレイラの言葉には満足せずに、そのセラピストは何かがまだ語られていないというかのように接触をもったままである。

レイラは自分自身のイメージを求め続ける。店で彼女が見つける鏡は、以前の夢での粘土の鏡よりずっとはっきりと自分の姿が映るとはいえ、金属の筋が重なっている。何の種類の金属かはわからないが、ヴィーナスの金属である銅ではない。土星は鉛、木星はスズ、火星は鉄といったように、金属は神と関連がある。この時点では、彼女の女性性には締めつけるような筋が重なっていて、それは厳しくて独裁的な土星の規則のようだ、といえる。

私たちは子犬、おたまじゃくし／蛙と帯状の筋の付いた金属の鏡の象徴について見、それらがどのように編み込まれているかについて見た。夢の中でレイラは、損を承知で、子犬は飼うには汚すぎると店に返す。彼女は受け取ることができない、つまり、暖かい子犬が表すエロスあるいは幸福を、与えたり受け取ったりするのを「払い戻す」。彼女は冷血な構成要素が無意識の中で泳いでいるのを——感情のレヴェルではなく、観察のレヴェルで——じっと見つめることに満足しており、機械的にそれらのことを考えている。おたまじゃくしの蛙への変態が〔暗に〕示されているが、蛙が魔女に使われたのか、あるいは愛と豊穣の象徴であるのかは、未だわからない。

エロスを否定し無意識の素材に心を奪われていた結果、レイラの女性性の本質、自分自身のイメージは、判断や論理、つまり父性的な世界に縛りつけられている。彼女は自分自身を熱心に探っているうちに、生活の中での、他人や外界のリアリティとの繋がりを失っていた。深く内観するだけで個性化が可能なわけではなく、日々の生活や他人との相互関係にも洞察を必要とする。両者はともに重要であり、同時に維持されねばならない。その課題は至難でずっと継続している。

おたまじゃくしと子犬は、壮絶な内的な闘いを予告するものでした。ナンシーは内省をしすぎないように私に注意を促し、たぶんこの夢は、無意識のドラマにおぼれることへの警告だと示唆しました。ナンシーは、母がやったように、私を人受けがよくなるように促しているわけではなく、バランスを保つことに関心があるのだと保証しました。にもかかわらず、私にとって、「外面」とは「人受けの良いこと popularity」と同義語となっていたので、ナンシーの言葉が、もっと外向的になるように命じる母の言葉のように聞こえました。亡くなった母の指図にはもう従うまいと決心していたので、腹が立ちました。のちに、誰かが私を遊びに連れ出そうとするときには、憎むべき母の巧妙な操作に反応してしまう傾向があることを理解しました。

その間、私はひどく混乱していました。実際的な些事ではいろいろ問題を抱えながら、内的な過程の輝きに、頭のなかで遊泳するおたまじゃくしの燦然たる千変万化の光彩に、留まりたいと思いました。おたまじゃくしを見捨てることは、展開しつつある神秘の物語に対する畏怖の念を否定してしまうことになると思われました。結局、内的な変化を慎重に見守ることで、前進することができました。私の概念図式のなかでは、それはおたまじゃくしか子犬のどちらかでした。片方は手放さねばなりません。両方の美しさと強さを私のなかで生かす方法はわからなかったのです。

現実的になりすぎることで深みとのつながりを失うことをおそれて、また同時に、私のなかの大部分では日々生き延びていくという基本的な事実を扱いたいと思っていないのではと疑いながら（さらに私のためにこれを人にやってもらおうと策略をめぐらしていると疑いながら）、私は拒否して、どこにもいきませんでした。なかなか直面できなかったことは、私の怠惰だったのです。軽はずみで無責任だったのは、世話をしてもらうために他人を引っ掛ける私の無意識的なやりかただったのです。

はしゃいでいる犬については、それを自分の生活のなかにどうやったら持ち込めるかわかりませんでした。というのも、しばしば、遊びまわろうとしても、私の人格のふわふわした軽い面をみせて、私が愚かな王女のすることと思っているまさにそのことをしてしまうからでした。これは、暖かい子犬のようにリアルには感じられず、表面的なものに思われました。

黒髪のセラピストの夢を見た頃には、楽しいことの好きな少女に感謝するようになっていました。他人や私自身の非難の的になる危険を承知のうえで、あえて自由に話し、ふざけたふるまいをする少女です。こうして、かなりほぐれてきたように思いました。でも、自分に遊びつづけることを許すのは怖かった。虚偽こそ私がひどく恐れていたものでした。そして、私の王女は確かにそれであり、黒髪の女性を否定していたのです。私にはそう思えました。

期待に胸をわくわくさせながら夢に近づくことで、内的な生活の神秘を称えていました。どうすれば、この期待を感覚的な世界のほうに持ち込めるのでしょうか。

奮闘するなかで、次の夢は差し迫った危険を明らかにしてくれたのです。

26

彼女の命を心配して

Afraid for Her Life

（がんがんする頭痛がして夜中に目を覚まし、以下のことを書いた。書いて目を覚ましこれを書いているかのようで、ずっと書きつづけているかのような感じ）私は彼女の病室のベッドのそばに立ち、彼女の眠っている黒い頭を見ていた。手を毛布の下に伸ばして脈を触れ、その脈の弱さを感じた。それで、助けを求めに彼女のところを離れた。看護師と三人の用務員が昼休みをとっていた。私は彼女の身の上を話した。用務員は即座に興味を示したが、彼女の脈が弱いという話をしたときだけ、看護師は興味を示した。突然、不可解だが、マダムのことが心配になり、彼女の命が心配になる。

この夢は、子犬／おたまじゃくしの夢の数日後のものだった。子犬を返し、熱心におたまじゃくしを吟味し、つまり外界の関係を無視しながら内的生活に集中していたところ、黒髪の女性が死に瀕した状態になっているのは驚くことではない。身体と心を流れる生の活力に満ちた流体は弱まっている。同様に、黒髪の女性が象徴するもの、つまり女性的な性や精神性 spirituality との健康的な繋がりも弱まっている。

夢は文字通り、レイラに目を覚まさせてこの事実を知らせようとしている。看護師と用務員のお陰で、助けを得ることができた。それらの自己統制的な心的構成要素は、世話をし、指示をしてくれる。ベッドの中の女性をレイラはマダムと呼んでいる。これは既婚女性の称号というだけではなく、尊厳を表現する高貴さの称号でもある。他方、「マダム」は、売春宿の支配人でもあり、彼女がレイラに聖娼として示している性的なエネルギーのことを考えれば、適当な連想である。[16] 命名において、黒髪の女性は称号を与えられ、価値あるものとしての「権利を与えられる」。危険な状態ではあるが、黒髪の女性のイメージはレイラの意識を統べる側面になりつつある。

二、三日後の別の夢では、自分の足で支えられずに床の上にいるレイラのイメージがあった。非常に苦労して、何とか、立ち上がるために掴まれるもののところまで四つん這いで行った。労を惜しまず、レイラは生活に戻れるよう自らを世話し、内界と外界の間の関係、新しいスタンスにおける秩序を見出そうとしている。

黒髪の女性の脈が弱かったので、ほんとうに私は怖くなり、絶望寸前でした。ほかのものは失っても私は生き延びることができると思いますが、彼女という宝をなくしては生きられないと思ったからです。もし彼女が死んでしまえば、私は一人残されて、自分が病弱な王女であると知り、家族や友人たちと暖かい関係を築くことができないでしょう。内的な女性が現れつつありましたが、どのようなかたちで現れつつあるのかは、わかりませんでした。罪の意識でしばらく麻痺していました。

夢のセラピストである黒髪の女性が、私のいたずら好きの子どもをいっしょにいるように誘い、彼女に自由に話させたことを思い出しました。この夢が教えてくれたことは、その数ヵ月にときどきそうしてもらったように、彼女に私を助けてくれるよう促す必要があるということでした。それでも、笑いものになることをいつも恐れていました。二年前にセックスセラピーのときのように（このカウンセラーは実際におたまじゃくしと子犬といっしょに夢のなかに現れたのですが）、辛抱して、そうなってほしいという願望からではなく、いま実際にあるものからワークをすることを選びました。黒髪の女性の弱い脈を、あえて無視しないことにしたのです。私の生命力を奪っていたのは王女ではなく、私自身の怠惰だったのです。私はそれと直面し努力をしました。

家に一人でいるときは、できるかぎり自由に踊り、回るたびに私の子どもの赤いお下げ髪が空を揺れる場面を思い描いていました。この少女を外に連れ出して、走ったり私のダルメシアンのおどけたしぐさを笑ったりしました。浴室から踏み出してローションを体に塗り、私の皮膚の下の女性、黒髪の女性を生き返らせようと意識しました。

徐々に、自分のやりかたが、日々の努力を逃れたいという願望であることが見通せるようになりました。日々の努力は、夢のイメージの美しさと比べると、じつに平凡に見えましたから。驚いたのは、黒髪の自己 dark-haired self といっしょに他人と関係をもつときには、熱情が私の体を走り、自分の行動が、すこしも平凡なものに感じられないことでした。

時間をかけて、私は徐々にリラックスできるようになり、頭をのけぞらして腹から笑い、自然に称える気持ちで喜びを表現して、愚かな王女の感じがなくなりました。

『アヴェ・マリア』の一節をときどき頭のなかで歌い、処女マリアが私の人生を称えるように勧めてくれたことを思い出しました。神秘的な内的な支えを痛切に自覚しながら、日々が冒険であることを楽しみはじめ、相手と火花が散るような活気ある関係をもてる時を大切にしました。私がいつもしていた長々と不満をこぼすことをやめ、目覚めたことに感謝しながら、皮膚の下の女性にも目を配り続けようと決めました。

私自身の計画を始めることによってこの内的な女性を保ち、腰に向かって、『そこでよく振って』とつぶやくと、彼女/自分自身であることに勇気が出ました。暖かさが私の女性性の核から生じ、鏡に映った姿は、もういちど、大切な女性が内部にいることを示してくれました。何年もかけて、私は、彼女の命〔生〕に対して責任をもっていることを学んだのです。

27

同一の自我

The same ego

私は、どこかに行く計画をわくわくしながら立てていて、それに備えて入浴する時間が近づいている。私はいま住んでいる一階にある家の外に立っている。路面は滑らかな地面だ。私が車を停めている場所の内側は、ところどころコンクリートになっている。私は、夢のなかの生活でも覚醒時の生活でも変わらぬ自我 the same ego であり、まもなく覚醒時の生活にも踏み出していくであろうことを悟る。

比喩的な意味で、背筋を伸ばして自分自身の二本の足で立ち、レイラは再び黒髪の女性と繋がりをもつようになった。活気を与える彼女の精神は、調和と全体性の感覚をもたらした。夢は自我の位置を補完するものとしてこの印象を確かなものとしている。

「どこかに行く計画を立てている」というのは、成長の次の段階への進展と、意識的な理解を示唆している。そしてそれはわくわくするものである。入浴が準備のために、必要のようだ。再び儀式としての浄化——新しい始まりの中に、古い態度を持ち込まないよう、汚れや「汚物」を取り除くこと——がある。

ここでレイラが住んでいるところは、しっかりと大地に根ざし、足はしっかりとした土の上に立っている。彼女は天上や下界を飛翔することなく、無意識を泳ぐ心的内容物に魅せられることもなくしっかりと立っている。彼女の車にはいつでも乗れる。これは来るべき変化に対しての必要なリビドーが利用できるということだ。夢の中のリアリティと実際の存在とが同じであるというレイラの洞察は、劇的な理解である。彼女は内界と外界との両方を同時に価値あるものと評価することとの複雑さを解決できた。彼女が内界に入っても出ても、自我は変らぬままである。

自我は全人格に比べれば小さいものなので、自己 the Self の要求に反応してしまう。意識の中心として自我は、外に向かう意識的な繋がりのバランスを保ち、無意識からの素材についてよく考える時に、全人格を維持するように機能する。バランスは、内界に入り、出る能力を与えてくれる。背筋を伸ばして立つという意図的な努力によって、レイラはうまく地に根ざした自我を獲得した。もはや無意識の生にうっとりすることはなく、彼女は適切な心的バランスを維持することができる。

目が覚めて、床に足が着いたとき、夢が述べていたとおりに、朝に足を踏み出していることがわかりました。夢の生活と、そこで発見した自分自身の感覚に留まれることに安堵の涙が出て、日常生活にも入っていきました。魂の自我と体の自我 my soul's ego and my body's は本質的には同一でした。ついに、私は、両方の場所で生きはじめることが可能となりました。夢自我 dream ego は「まるで何々のよう」という比喩でしたが、それと取り組むと現実のものとなりました。夢自我は私の背後に立っていましたが、現実世界に入っていく努力は私のものでした。

この夢は、ともかくもういちど私の目を覚まし、夢の贈り物に目を向けさせました。夢を振り返りながら拾い読みして、夢のイメージを深く理解して、自分自身に関する誤った考えを変容させるものとして、私の人生の土台となっていきました。

ねずみはもう怖くありません〔夢2〕。母の衣服を着ることももうありませんでした〔夢3〕。隠すべき抜け殻は、かつての私の姿でしたから。私の子ども〔夢5〕が小部屋を突き破ってでてきました。彼女の絶望をまだ引きずっていた部分はありますが、自分自身が好むことを楽しむかわりに他人の真似をする少女を注意深く世話しました。この比喩的な子どもを失うことは、私にとって完全に悲劇で、自分自身の血肉を失うに等しいということがわかります。トラと宇宙人のジュースも歓迎しはじめました〔夢6〕。車椅子は壊されて〔夢7〕、顔のない王女が私のパートナーを選んだとはいえ、私の新しい自己が日常を取り戻しました。私の結婚は徐々に強固なものになっていきました。ポットの蛇〔夢9〕は、繰り返し私が身震いした象徴で、粘土の鏡〔夢10〕は新しく作り変えられました。純潔の庭〔夢11〕はあとに残し、記憶には生きつづけていても、それに縛られることはありませんでした。次第に、難民としての自分〔夢12〕に満足するようになり、集合的な精神性 mentality から逃れて、自分自身の中に安全と健康とをみいだそうとしていたのです。

最近の夢のなかで、友人のポール〔夢13・14〕が、赤いセーターを着てハンサムな姿で、私とダンスをしに来てくれて、私のジゴロ神〔夢13〕が私のハートのなかで健在であることがわかりました。もう運命の女性〔夢15〕と同一化していません。私の女性性のさまざまな側面を生き生きとしたものに保つことで、それを容易に誘惑のために使わなくてもすむのです。私の性的な魅力は、外観とは何の関係もなく、私の体から出てくる愛の欲求に関係があるのだと理解しました。マリアという名前の処女神に対する感謝の念は絶えることなく、彼女が私の生を支えてくれたので、私の性も支えてくれたのだとわかりました。

圧倒的な否定的母親コンプレックスに対してノーという叫びをあげるところから、自分に対してイエスといえるところまできました。金の十字の秘密〔夢17〕は、天の川〔夢18〕のように、永遠に閉ざされたままです。石のようになった白い鳥に元気を取り戻すこと〔夢20〕、復活祭卵の真の意味〔夢21〕、おたまじゃくしと子犬の両方の意義〔夢25〕、自由な精神をもつ自然な子どもの親愛さ、これらすべてを心に留めておきます。そして私のなかの卑劣なもの〔夢24〕は、もう私の熱情を殺すことはありません。というのも、そのようなイメージが妨害をはじめたら、それぞれの性格を自覚するようにして、そのいきすぎを許さねばならないと学んだからです。

私は、最初に夢に相談したときの自分とは違った人物になっています。というのも、とても生命力のある、黒髪の女性の血液が私の血管のなかに流れ込み、自分自身の暖かさの感覚をもたらしてくれたからです。

28

誕生祝

A Birthday Celebration

ナンシーと私は、小さな丸テーブルに着席して食べている。それから、数人の女性と私は、家を明るい黄色ｰオレンジ色に塗り、後ろに立ってそれを眺めている。私は、それが本当に好きだと声高らかに言う。そのあとで、黒髪の女性の最初の誕生日を祝う。二階に上がると、彼女は部屋の隅にあるベッドの上でゆったり横になっているのを見つける。彼女は大きな美しい女性で、長い黒髪をしている。裸で側臥位に横たわり、その一部は、髪に結びつけられた深紅色の布で覆われていて、布は体の下で気ままに揺れている。私は祝いのために彼女を下に連れてくる。

丸テーブル〔円卓〕は、アーサー王伝説に見られるように平等と仲間とを暗示している。リーダーの席はなく、連続していて、曼陀羅のような全体性の象徴である。分析家とクライエントとは、互いにそれぞれが同等の権威を持つ新しい関係に入った。新しい始まりが、聖餐礼を共に受けるかのように崇められている。これは分析関係において真実なだけではなく、彼女の内的な権威の場という点においても真実である。彼女は独立した一個の人間なのだ。

彼女の心的空間を示す家は、明るい黄色 - オレンジ色で塗られている。夢は、これがレイラの住む場所かどうかは言っていないものの、どうやらかなりそうらしい。黄色 - オレンジ色は太陽の色で、太陽の意識の象徴である。内でも外でも変らぬ自我を持っているという、新しく見出された意識的な理解をもって、内的な光は、太陽の実を結ばせる光線のように輝き出る。

クッションの上に横たわる黒髪の女性のイメージは、ゴヤの絵画を偲ばせる。『裸のマハ』、華麗な心地よい落ち着きと、裸であることとの美しさ。同じことがレイラの内的な黒髪の女性のイメージについてもいえる。深紅色の布は赤と青のコンビネーション——赤は情熱の色、青は精神の象徴——を示唆している。精神と身体の情熱が一つになった。深紅色は紫同様に、王族のしるしである。「マダム」の称号が、自己という元型の女性性の構成物としての彼女のイメージに、より高尚な権威を授けた。レイラと黒髪の女性は、誕生日の祝いを始めるために階段を下りる。

序章での神秘的な物語の夢を思い出す。そこでは、レイラが何とか生きてはいるけれども息絶え絶えの魚を病気の女の子から受け取り、それを持って階下に向かい、夜の航海に出かけた。再びここで、蘇った女性性である黒髪の女性と手に手を取り、階段を降りる。彼女こそがレイラの人格性の核なのである。

確かに祝福されるべき〔何か〕だ。レイラの処女マリアへの誓い「私の生を称えることであなたにお仕えします」がようやく実現された。新たな生命が誕生し、幅広い情動を——喜びも痛みも、苦しみも平静も、情熱も快楽も、美も醜も——抱いている。レイラは彼女の生を生きるのだ。

レイラのエピローグ

分析の数年間、抑うつ状態のなかから多くの思いやりgrace〔恩寵、恵み、親切、気品、魅力〕が生まれてきたのは、黒髪の女性の落ち着いた安定感のおかげです。彼女は、一貫して揺れることなく私に道を示してくれました。ただ私だけが、それを認めるのにたじろいでいたのです。私の体の上で揺れていた誕生祝の深紅の布を思い描きながら、彼女の生命力が私のものだと知りました。私の骨身にしみた情熱が彼女の存在を証言していました。私は彼女を私にとって現実のものとしたのですが、彼女は私の笑いを祝福してくれました。夫とトーストを焼きながら、『誕生日おめでとう、レイラ』と小声でつぶやきました。

日常のことに携わりながら、自分の平凡さを抱きとめることを拒むことには根拠がないことを認識しました。私はもっと気軽に家族や友人たちと関係をもてるようになり、それをはるかに凌いでいた私自身の情動に対する恥の感情と関係をもつ必要があることを自覚しました。ネガティブな情動に前ほど動揺しなくなり、「よい」人であろうとしてネガティブな情動を詰め込んでしまうかわりに、それが自分のものであると認めるようになりました。驚いたことに、その余波として、しばしば他人に対してやさしくすることを選択できるようになりました。

何十年も自分と直面してきましたが、これが実現されるまでは、なんら変容が生じませんでした。私を自分自身や他人から隔絶してきた道徳的判断は、一時保留にする必要がありました。絶望を燃料にして、自分の探求を不屈にやりとおすことの真価を認め始めました。王女、王女たる妻、バラ色の爪をつけた女性、そして黒髪の女性へと展開していく自分の様子を見る特権を与えられました。真に、この進化に参加する幸運に恵まれたのです。

このエピローグを書くときに、自分が否定的母親コンプレックスの手中にあったことに気づきました。私の物語を話すことが私の魂の運命を生きることになるとわかっていても、不快なコンプレックスのために、自分の無意識的側面との相互作用もその結果生じた変容も否定したいという衝動に駆られました。

そのコンプレックスに捉えられると、両足が泥のなかに入ってしまって動きが取れなくなるかのようで、長らく創造的な源泉から切り離されていました。分析のなかで、繰り返しワークし、引っ張って、最後のひと引きでやっと引き出して、漸く足の指についていた泥を見下ろすことができました。しかしながら、このすべてを滅ぼすようなエネルギーの効果を観察するために外に立つことを学んだことにより、そのコンプレックスに抵抗することができるようになり、残った泥もこすり落とすことができました。

心《my psyche》がとても傷ついていたので、あらゆるものをさびさせてしまうような、すべてを呑み尽くす罪悪感によって思考と感情が動かされていたのです。もちろん、完全な自由など思いもよらず、でも、数年まえに最初に想像した目に見えない円が私の魂に刻み込まれ、非難から私を守ってくれました。最近、家族が母について語った逸話を笑うことができ、彼女の人格のポジティブな特徴を称えることができました。さらに驚くべきことに、彼女が私の夢に出てきて、私を支えてくれたのです。

過去を内に抱きながら、同時にさまざまなレベルを生きて、夢から拾い集められたメッセージに目を向けました。夢が描いている自分を注意深く見つめながら、自我の限られた視点から離れていきました。ユング心理学は診断に焦点をあてるだけで終わりにしなかった。そのことに私は感謝しています。自分に対するそのような態度が身についてくると、私が生涯を捧げようとした処女マリアのすべてを包含するような指示によって、徐々に明らかになるように、私の現実感覚は回復していきました。それは以前は理想と思いながら手に届かなかったものです。

どんなことをしていても、ダルメシアンと散歩していても、ピアノを弾いていても、友人を迎えるためにドアを開けるときも、それを小さな祝福として喜ぶようにして、それが他人にどう見えるかという判断をしないようにしていたことを思い出します。

落ち込んだり不安になると、祝福が霧散してしまったのではないかと心配になりますが、自分を熱心に観察することが、気楽なものではないにしても、楽しみを生み出すかたちであるとわかるようになりました。私の特定の現実の感覚に留まるようにして、間違いを犯したときには無意識が修正してくれるように備えました。

この誕生日の夢の九年後に、次の夢をみて、さらに励まされました。

私の処女たる自己

母のベッドを離れ、ある女性の車に乗り込む。彼女の陰門は、いままで見たなかでいちばん美しい。さまざまな時期のバラが、丸い穴と、その上にある更に小さい穴から見える。どちらの穴も滑らかで柔らかい皮で縁どられている。あとずさりして私は叫ぶ、『あなたは処女だ』と。彼女は私を引き寄せて穏やかに応える、『私はあなたの処女たる自己なのよ』と。私たちは愛を交わす。

日が経つにつれ、徐々に自分自身と一つになります。これはほんとうに私なのでしょうか。頬をつねってみます。鏡からはもっとはっきりした目で自分の姿をじっと見ます。ついに、私の心理学的な処女性のおかげで、たいていは自分自身と調和を保てるということを理解します。かつては、女性の美を、保守的な女神と純潔と、――一言でいえば高潔righteousnessと――同じものと見ていましたが、夢が、内なる女性が光を真に体現するものだと教えてくれました。彼女は自分自身のことをよくわかっていて、他人のお世辞などいっさい求めません。しばしば、生きている喜びに驚き、怯えた日々のことが遠い昔のように思われます。この喜びは、それ自身の生命をもっているようで、それも私は歓迎しています。自分の声を見つけ、〔それは〕しばしば、熱情的に鳴り響いています。

外的な生活の状況は、まったく変わりませんでしたが、それを変えたいという気持ちがないことも不思議です。でも、こころに変化する力がそなわっているということを見失えば、日々の役割に押しつぶされてしまうことでしょう。夢との内的な対話によって自信が生まれましたが、変身の要求に耳を傾けるかわりに過去に固執すると、不安に投げ込まれます。

新しく発見した自信をもって、それぞれの状況にふさわしい顔を示そうとしています。個性化の過程を心に留めて、快適に洋服を着て、不確かさは内にしまいます。最近、パーティのときに見せる自分のペルソナも実際に好きになりました。

私は三度目の結婚をしようとしています。依然として同じ相手とですが、彼とつきあうのが好きです。なにを期待すべきかはわかりません。自分に対する信頼が育つにつれ、挑戦が引き起こすあらゆることと出会うことになるでしょうが、夫の自分自身への旅を妨げることがないようにと願うだけです。

自分の心理学的な構成をよく知ることで、自分の強さを自覚しています。私は「うまくやって」います。多くの重要な認識がそうであるように、いまは単純なことのように思われますが、ここに到達するまでの数年は単純どころではなかったのです。

女性的な自己が固有の精神性をもっていると発見することは、過去に私が堅く信奉していたごく身近な共同体の現状を混乱させることとなりました。私の文化の規則を尊重しながら、無意識からの啓示によって熱く生きることを学ぶことは、至難の業でした。すべては個としての自分自身を知るということにかかっています。私の存在の核に含まれているのは、健康の種で、それはすなわち、自分自身になる能力のことであるといまはわかります。この中心から切れてしまうと、――私が女性の音楽と呼んでいるものが体に響かなくなることでそれがわかるのですが――、自分自身のなかにダイブすることを想像し、その場所から前に向かって踊り、もういちど生来の流れに波長をあわせるにようにします。

分析による精神的修養をとおして、私の旅は始まりました。組織化された宗教を離れましたが、行動するまえに自分自身のなかから生じてくることを見ようと待つことは、自分の人生をおくるうえで深い宗教的な方法であることがわかります。

夢の解読には時間を費やしつづけています。夢に綿密な注意を払っていると、それが私の人生をかたちづくっているというなんとも不思議な認識に至ります。私は、生きて、息をしている自己であり、常に無意識からも縫い閉じられている存在です。この夢という夜警は私の最高の価値であり、そこに繰り返し立ち戻って、信じることができる個人的な言葉を見分けるのです。夢と同盟を結んでいる自分を信頼しており、他の自然な機能と同じように、それは私の日常生活の一部に統合されるようになりました。

個性に至るまで皮を剥くことには、落とし穴が満ち溢れていて、ときとしてその緊張にどうしようもなくなります。しばしば、私は難民のように暗闇のなかを歩きまわり、どこに向かっているのかもわかりません。それでも、夢のなかで新しい場所に移るというこの生きかたによって、ほんとうに生き延びることができるという感覚が与えられました。子どものハートを得て、つねに未知の体験に身を投じ、自分は誰なのか、なぜなのかと問いながら、新しい態度に手を伸ばしています。

癒しとは、葛藤がなくなることだと思っていました。でも、周期的な不安と落ち込みは続いています。内的な牽引力がそれぞれ反対方向に引っ張るのを感じます。ときに、そのために私は希望を失い、苦痛をなくすことしか考えられなくなりますが、その必要性をなんとか受け入れて、パニックになることなく暗闇を通過すると、うれしくなります。いまや、光と影の相互作用を見ることができ、どちらが勝っているということではないとわかります。これを主観的にも客観的にも目の当たりにするようになるにつれ、それと闘おうとはしなくなります。矛盾したようないいかたですが、平安というのは、傷が常にあるからこそ訪れるのです。傷とともにできるだけ静かに座り、救いの恩寵はみずからの内にあり、痛みそれ自身から掘り出されるのです。これによって、私は自分の人間性を深く理解することができるようになりました。

日々の奮闘のなかで自分のプロセスを尊敬することを学びましたが、それはマリアとその息子に仕えるという私の誓いに表されていることでもあります。夢の自我がそれを初めて約束したときの深い感謝の念を忘れずに、私の命のリズムとして、それに続く夢のリズムを大切にしています。

内的な出来事と外的な出来事の一致をいちど見ると、無自覚に忍び寄っていた疑念が確信に変わります。私は、神秘の存在 Mystery's presence の内に生き、私自身の神秘のなかに生きています。私自身のなかにあるそれと触れることは、ほかの人にもそれがあると想像する助けとなり、無意識から栄養を受けながら、自分の人生に心地よく踏み出していけます。

私のイメージに対して心から誠実になっていくにつれ、どんな形をしていようともその豊かさに反応しようとしています。答えを求めてどちらを見ればよいか、いまならわかります。それを自分のうちにみいだすことで、大きく報われるのです。私のイメージがそれらを捏ねあげて私という存在にするうちに、新鮮な洞察が生まれるのです。私の癒しは進行中で、自分の心 psyche を信じてだんだん強くなっています。無意識の生命の広大さと柔軟さとを思えば、私はこれからもずっと自分の全体性を追いつづけ、でも旅そのものが私の人生に意味を与え、意味に命を与えるのです。

内なる道はしばしば無愛想で、時に忍耐を失って孤独な時期から逃れてしまいました。にもかかわらず、いちど向き合うと、恐怖は和らぎます。私たちの宗教的な定義からすると、私には他人と喜びを分かちあう機会があまりありませんが、私の魂の物語を語ることでそうしました。

私の日記をくまなく調べることで、神秘が明らかとなりました。これは、片方の目が上を見、もう片方が下を見ていた賢い女性が私に書き留めるように話したときに心に抱いていたことです。私の人生に必要な強さは、かなりの部分が、この物語を書くなかから、生まれてきたのです。紙に書くことは、私の心理的拡大に本質的なことでありましたし、そうすることでそれに対する責任を引き受けることもできるようになりました。

書き直すたびに、神秘が私の意識をゆっくりと貫いて、涙が出ました。そうして、精神の実践としての人生が、それ自体、自然と開けてきました。筋をたどるにはエネルギーを要しましたが、内的なドラマに目を向けるというこの大切な贈り物を受け取ることにしたのです。神秘への道には、あたり一面に完全な理解が転がっているとはいえ、それはいつも摑まえどころがなく、つねに更新されるものなのです。

註

(1) "The Meaning of Psychology in modern Man," *Civilization in Transition*, CW 10, par.325.
(2) "Paracelcus As a Spiritual Phenomenon," *Alchemical Studies*, CW 13, par.229.
(3) "Psychology and Religion," *Psychology and Religion*, CW 11, par.131.
(4) Grimm Brothers, *The Complete Grimm's Fairy Tales*, pp.664ff. (paraphrased)
(5) *Aion*, CW 9ii, par.243, note 19.
(6) See Qualls-Corbett, *The Sacred Prostitute*, pp.70ff.
(7) *Psychology and Alchemy*, CW 12, par.44.
(8) "On the Nature of the Psyche," *The Structure and Dynamics of the Psyche*, CW 8, par.414.
(9) See Qualls-Corbett, *The Sacred Prostitute*, pp.153ff.
(10) "Answer to Job," *Psychology and Religion*, CW 11, pars.743f,748f.
(11) "The Psychology of the Transference," *The Practice of Psychotherapy*, CW 16, par.384.
(12) Stassinopoulos and Beny, *The Gods of Greece*, p.104.
(13) In *Russiona Folktales*, pp.16ff. (condensed)
(14) *Seminar 1925*, p.111.
(15) *Two Essays on Analytical Psychology*, CW 7, par.112.
(16) See above, p.120.

文献

Carotenuto, Aldo. *The Spiral Way: A Woman. s Healing Journey*. Toronto: Inner City Books, 1986.

Grimm Brothers. *The Complete Grimm. s Fairy Tales*. New York: Pantheon Books, 1972.

Hesse, Herman. *Steppenwolf*. Intro. Joseph Mileck. New York: Holt, Rinehart and Winston, 1963.

Jung, C.G. *The Collected Works* (Bollingen Series XX). 20 vols. Trans. R.F.C. Hull. Ed. H. Read, M. Fordham, G. Adler, Wm. McGuire. Princeton: Princeton University Press, 1953-1979.

Jung, C.G. *Seminar 1925*. Mimeographed Notes of Seminar (March 23-July 6, 1925). C.G. Jung Institute of Zurich.

Laägerkvist, Par. *The Dwarf*. Trans Alexandra Dick. New York: Farrar, Strauss and Giroux, Inc., 1945.

Perera, Sylvia Brinton, *Descent to the Goddess: A Way of Initiation for Women*. Toronto: Inner City Books, 1981.

Qualls-Corbett, Nancy. *The Sacred Prostitute: Eternal Aspect of the Feminine*. Toronto: Inner City Books, 1988.

Russian Folktales. Trans. E.C. Elstob and Richard Barber. London: G. Bell and Sons, 1971.

Sharp, Daryl. *Digesting Jung: Food for the Journey*. Toronto: Inner City Books, 2001.

Stassinopoulos, Arianna, and Beny, Roloff. *The Gods of Greece*. New York: Harry N. Abrams, Inc., 1983.

Warner, Marina. *Alone of All Her Sex*. New York: Random House, 1983.

Woodman, Marion. *Addiction to Perfection: The Still Unravished Bride*. Toronto: Inner City Books, 1982.

Woodman, Marion. *The Pregnant Virgin: A Process of Psychological Transformation*. Toronto: Inner City Books, 1985.

解題

岸本寛史様

拝啓。ようやく訳し終えてほっとしています。訳しながら、私自身新しい発見や、いろいろと考えるきっかけに出会えたように感じています。もともとは、〔この著者の〕先に邦訳された『聖娼』〔菅野・高石訳、日本評論社、一九九八年〕を読み、とても面白かったので、出版前から予約して購入した本でした。読んでみて、この本が生まれた経緯が興味深かったことと、クライエントであるレイラの夢をもとに、分析家であるクォールズ - コルベットと、レイラ本人がそれぞれ書いているという構成が新鮮に感じられ、訳してみようということになったわけですが、いかがでしたでしょうか?

〔新曜社の〕津田さんから解題をとのことで、私なりに考えた結果、ひとつ提案したいと思っています。それは、往復書簡――実際には往復Eメールですが――で、この本について語り合うというやりかたです。テーマとしては、①語るということについて、②女性性について、を話題にできないかと思っています。

ところで今日は、内容に踏み込むまえに、なにゆえ往復書簡なのかについて、その理由をすこし申し上げようと思います。

じつは今回訳しながら、とても不思議な体験をしたように感じています。私は各章冒頭の夢の部分、そしてレイラの語りの部分を読んでから、クォールズ - コルベットの部分を読みながら訳していきました。ですから、本の構成とはあえて順番を変えて読んでみたわけです。レイラの夢はとてもイメージ豊かなものですし、その後彼女の文章を読むと、さらに夢の世界が肉づけされていくかのように、目の前にイメージがどんどん広がり、ヴィヴィッドに伝わって来るように感じました。一方、クォールズ - コルベットについては、序章から彼女のこの本への強い思い入れが伝わってきました。クォールズ - コルベットの文章を読むと、ユング派の解釈をベースにしてはいるものの、やはりクォールズ - コルベット自身の姿あるいは文脈も垣間みられるようで、それが微妙に夢に影響しているようにも感じられました。

交互に読んでいきながら、私は、それぞれの文章を受け止めている自分の身体の部分が違うように感じました。レイラの部分は、身体の深いところから全体に広がる感じとでもいいましょうか。それに対して、クォールズ - コルベットの部分は、すこし浮かび上がる感じ。沈んだり、浮かび上がったりの不思議な感じが、身体のなかにひとつのリズムをもたらし、ふと気がつくと、訳す作業を忘れているような時もあったくらいです。そしてそれは私にはとても心地よく感じられました。

このように、二人の人間が対話することを通して、一人では出し得なかったものを、引き出しあうことが出来るのではないかという期待から、このような方式を提案しているわけです。また、私たちが、クライエントさんとお会いするとき、心理療法はやはり、一対一の対話からなっていますし、瞬間、瞬間の真剣勝負なわけです。ですから、そのようなつもりで、この試みに臨めないものかと思っている次第です。ご意見をお聞かせください。

山　愛美

山　愛美 様

「それぞれの文章を受け止めている身体の部分が違う」というのはとても大切な指摘だと思います。たとえば、私が先生から戴いたメールを読むときには、一つひとつの言葉が、先生の声とか表情とかいろいろなものを伴っているわけです。そういうものをいっしょに感じながら読んでいる。ところが、書き手のことを知らない場合、書かれた内容や文体や句読点の打ちかたなどから、読み手がそれぞれの想像力に任せていろいろな響きをそこに聞くわけです。書かれた文字を言葉の骨格とするなら、それに付随する書き手の声とか表情は言葉の肉づけといってもいいかもしれません。あるいは言葉の身体性という観点から論じることも可能でしょう。言葉は身体をもっている。先生が感じられた、それぞれの文章から受ける身体感覚の相違は、それぞれの文章の持つ身体性の違いを反映するものではないでしょうか。これは事例研究を考えるうえでも重要な点だと思いますので、私なりに整理してみたいと思います。

治療者〔T〕がクライエント〔C〕のことを治療者の視点〔E〕から記述するような形式〔E＝T→C〕は（このような形式が多いように思うのですが）、絵画でいうなら遠近法を用いた線形透視図法的な事例記述ということができるでしょう。問題なのは、EがTにあると、目が目そのものを見ることができないように、T自身のことが見えなくなり記述から抜け落ちてしまいます。いわば、骨格だけになるわけです。しかし実際には、心理療法で生じてくることは、TとCとの関係のなかで生じてくることなので、Tを込みで記述しないとずれてくるわけですが、そのためには、視点はTから一歩引いたところに置く必要があります。とはいえ、EとTを完全に分離してしまうことはできないので、Tというスクリーンに映ったCをそのスクリーンもいっしょに記述する〔E→T（C）〕というようなことになるでしょう。最近翻訳が出版されたボスナック Bosnak, R. の『クリストファーの夢』〔岸本訳、創元社、二〇〇三年〕はこのような形式で書かれています。このことを彼は「夢のイメージが私という土壌で育っていく様を、私の記憶に基づいて記したものである」と表現しています。

本書はどうかと振り返ってみますと、クォールルズ - コルベットの部分は、さまざまな増幅をおこなっているとはいえ、一貫して治療者の視点から書いているので、線形透視図法的な印象を受けるでしょう。先生が「クォールズ - コルベットの部分は、すこし浮かび上がる」と感じられたのは、この部分の身体性が比較的薄いからではないかと思います。これに対して、レイラのほうは、自分のことを書いているわけですが、その対象が（意識を超えたところからやってくる）夢なので、ちょうど、ボスナックの形式と似てくるわけです。そして、これらが交互に書かれているので、まるで明るさの異なる光源が入れ替わり、ひとつの舞台を照らすというような感じになっていると思うのです。この交互の点滅によって、クォールズ - コルベットの部分も肉づけされて、全体として「不思議な体験」と先生が書かれたような雰囲気が醸し出されていると思うのです。本書は、線形透視図法発見以前の、多数の視点から描かれた中世の風景画のような趣を携えているのではないでしょうか。

岸本寛史

岸本寛史様

興味深く拝読しました。先生の「治療者というスクリーンに映ったクライエントをそのスクリーンもいっしょに記述する」、またボスナックの「夢のイメージが私という土壌で育っていく様を、私の記憶に基づいて記した……」という言、いずれも腑に落ちる表現です。

ふつう、ただ単に個人的なことを書き綴ったならば——日常次元での「私」に拘泥するとでもいいましょうか——、読んでいてもだんだんつまらなくなってくるのではないかと思うのです。ところがレイラの場合、そうはなっていない。これはなぜなのでしょう。私なりに考えてみました。

まず、意識を超えた向こうから来る夢を、出発点としていることは重要だと思いますし、確かに、レイラというひとつの個を通して送られて来る素材を、分析という枠（レイラとナンシーという関係）のなかで、適切に扱っているという印象をもちます。しかしそれだけではなくて、レイラが、毎日かなり克明に日記をつけていたことが、重要なのではないかと思うのです。先生も指摘されていますように、レイラはそこでボスナックの形式を、自分の夢を対象におこなっていたのでしょう。そして加えて、夫や、母親や周りとのことなど、現在の日常のなかの関係性についてだけではなく、幼少期にさかのぼり、時間や空間を超えて、それぞれの関係性について、その関係のなかに自分自身の身を置きながら、それを見つめ、さらにそれを言葉にするという仕事をしていたのではないかと思うのです。もちろんそのなかには、自分自身との関係も含まれます。このような作業はかなり痛みを伴うと思われますが、レイラはそれをやり抜く力のある人だったといえると思います。そしてクォールズ‐コルベットを訪れ、そこで語る。レイラは、なにを語るのでしょうか。日記に綴られたことのなかから、話そうと思うことを拾いあげて、新たに紡いでいくのでしょうけれど、ひょっとしたら書き落としていたこともあったかもしれません。相手がクォールズ‐コルベットだからこそ喋りたいことも、喋りたくないことも、きっとあるでしょう。話しているうちに、思い出すこともあるでしょう。もちろん、相手がクォールズ‐コルベットだからこそ送られてくる夢というのもあると思います。

　そして、分析家であるクォールズ‐コルベットは、先生の仰っているE→T（C）の過程をおこないます。そしてさらに今回、本というかたちにするために、第三者が読むことを視野に入れて、あらたに二人の関係性をそれぞれが見つめる、つまりE→T（C）、E→C（T）というプロセスが、おこなわれたのではないかと思うのです。このような作業が繰り返されるなかで、夢や実際に起こった出来事などの素材自体は、ひとつの事実として変わらないものの、それらのつなぎかた、つまりは〔物〕語りが質的に変容していったのではないでしょうか。その段階を経ているからこそ、本来きわめて個人的な記述でありながら、それにとどまらない興味深さを生み出しているように思えるのです。ところが、このような紡ぎなおしの作業を下手にやってしまうと、身体から切れてしまいがちなのですが、本書の場合はそうなっていないからこそ、読んでいる側にも身体の次元で伝わって来るように思います。

　話し言葉にせよ書き言葉にせよ、骨子としての言葉に肉づけしていくこと。これは私も重要なテーマだと思っています。心理療法においても、そして私たち一人ひとりにとっても。

山　愛美

山　愛美 様

前回書ききれなかった部分をうまく言葉にしてくださったと感じました。個人的なことを書き綴りながら、単なる自己満足に留まっていない理由として、夢を素材としていること、さらにレイラ自身が日記を克明につけていたこと、そしてクォールズ‐コルベットの存在という点についてご指摘いただいたと思います。ご指摘の点はいずれも賛成ですし、重複になるかもしれませんが、レイラ自身が「内的なナラティブが、他人には見えなくとも強く感じられて、それが、外的な生を導くような影響をもっていると考えずにはいられません」と述べているところに注目してみたいと思います。といいますのも、非常に割り切ったいいかたをしてしまえば、夢というのは無意識の産物、日記というのは意識の産物、ということになるかと思いますが、レイラのいう「内的なナラティブ」はちょうどその中間に相当するのではないかと思うからです。

先生が最初にこの往復Eメールのテーマとして「語るということについて」ご提案くださいました。「語り」とかナラティブは、最近とみに注目されるようになっていますが、その際、「語り」があまり意識的なものに偏りすぎてしまうと「もの、語り」は生まれてこないのではないかと思います。意識と無意識のちょうど中間あたりから、あるいは意識と無意識の交錯する移行相あたりから生まれてくるナラティブこそ、治療的にも意味があるし、他者にも深く届く力をもっているのではないでしょうか。私は白血病の方の治療に携わっていた時期がありますが、そのときに、入院直後は心理的にも身体的にも大変で、ほとんど言葉にならないような状況のことが多いのですが、一ヵ月とか、ある程度時間が経って緊張が緩んでくると、あふれるように話が出てくる時期があることに気がつきました。そして、そのようなときの語りは、いわゆる日常的な会話とは違い、独特のリズムや調子をもっていて自律的に語られるので、その人が語っているようで、その人の語りではないような、そんな印象を受けることがしばしばありました。レイラの語りにも同じような印象を受けました。レイラ自身、「私は私の物語を書きましたが、それは同時に、夢のなかの黒髪の女性の物語でもある」と述べていますが、その感じが、原文を読みながら、なんとなく伝わってくるように思いました。

「もの語り」が意識と無意識のちょうど中間あたりから生まれてくるとしたら、それを聞く聞き手の意識状態も、覚醒と睡眠のちょうど中間あたりに置くほうがよいということになるでしょう。強すぎる意識の光は、物語の展開を止めてしまうともいえます。強い光を当てて事物の一つひとつの輪郭を明確に描き出すのではなく、すこし光を落として、輪郭を曖昧にしながら全体を聞いていく、そんな聞きかたが「内的なナラティブ」を聞くためには必要になってくるのではないでしょうか。ただ、きわめてパラドキシカルなのですが、そういう曖昧な聞きかたをするためには、聞き手の側になんらかの〈解釈ではなく〉「読み」が必要になってくると思うのです。クォールズ‐コルベットの部分を読んでいて、それを強く感じたのですが、いかがなものでしょう。

岸本寛史

岸本寛史様

結論からいえば、「読む」ということは、治療者がその事例に全人的にコミットしておこなう物語づくりであり、ひとつの創造的な営みである、と考えているのですが、いかがでしょうか。

満天に散らばる星を見て、そのなかのいくつかを繋ぎ物語を紡いだ古代の人びとと同様に、治療者はクライエントから伺うさまざまな話のなかから、いくつかの要素を拾い上げ、そこに繋がりを模索して、物語という織物を織る作業をしているように思うのです。ほんとうは全体として曖昧なままで持ちつづけ、そこにエネルギーを注ぎ込むことができれば、それが理想なのかもしれませんが、訳のわからないことにコミットしつづけることはけっして容易ではありませんし、混沌の海に溺れてしまう危険もあるでしょう。かといって、話を表層のレヴェルでとらえ、安易に脈絡をみいだそうとすると、「～だから～になった」

式の陳腐で低級な物語になりかねませんし、もちろん下手な解釈も、心理療法の流れを止め、イメージを殺してしまいます。やはり、「読み」にも質の違いがあるように思うのです。このことを考えるうえで、私は言葉のもつ意味の多層性ということを考えてみたいと思います。

この往復Eメールを書くときのことを考えてみます。私はまず先生からの言葉を身体のなかに沈めていきます。するとそれを刺激として、私のなかではそれに関連するイメージがどんどん広がりはじめます。その活性化された沼地のような混沌のなかから、すこしずつ形あるまとまりが生じ、浮かんでは沈むということが繰り返し起こる。このようにして、すこしずつ言葉が生まれるプロセスを体験するわけです。字数の制限もあり、最終的には当初思い巡らせたことのうちどれくらいを言葉に出来たのかと考えると、心もとない思いがします。実際には言葉となったものだけがそちらに届くわけですが、それでは言葉になるプロセスで私のなかで生じた、動きやさまざまなイメージはどこへ行ってしまったのでしょうか。目に見えるものとして残っていないけれど、なくなったわけではないでしょう。このように、それぞれの言葉の背後には、言葉として顕われて来るまでの成り立ちの歴史があり、言葉の背後にはそのプロセスで生じた動きやイメージが意味の層をなして存在しているのではないでしょうか。クライエントの話を伺うときも、このような言葉の意味の層の深みに入り「読む」ことこそが重要だと思うのです。そしてそこに入るのは、ほかでもないこの「私」であるということが大事なのではないでしょうか。背景にもっているのがどの理論であろうと、なにを拠りどころにして読むのであろうと、最終的には生身の「私」がそこに全人的にコミットするということが大切であるように思うのです。反対に、だからこそ治療者が、自分の「読み」のコンテクストのなかにクライエントをはめ込んでしまうという落とし穴があり得ます。心理療法がとてもうまく進み、流れがよく見えていると思うようなときには、気をつけないといけない。クライエントが治療者の物語を生かされてしまうことのないように。ここで大切なのが、聞き手側の意識化だと思うのですが、いかがでしょうか。

山　愛美

山　愛美　様

「読む」ことは、「全人的にコミットしておこなう物語作りであり、ひとつの創造的な営みである」といえるのは、臨床の実践感覚の裏打ちがあればこそと思いました。私は、以前は単純に、「読む」ためには距離をとる必要があるので、「読む」ことと「コミットする」こととはベクトルの向きが正反対だと思っていたのです。しかし、臨床に携わるなかで、なんらの「読み」も持たずに関わることは、地図を持たずに旅に出るのに似た危険を感じますし、「読み」があるからこそ関われるということも実感するようになりました。

具体的な例で考えてみたいのですが、たとえば6章で、夢に出てきたロバについて、クォールズ - コルベットは、聖書に出てくるイメージから、宗教的な象徴と考えようとしましたが、夢のなかでレイラがロバを見たのは教会を出たときだったので、宗教的な象徴とは合わないとして退けます。さらに、「重荷を背負わされる動物、低級な動物、頑固で愚か」という拡充もあてはまらず、民間伝承の「いつも発情しているので、洗練していない性の象徴」という立場がぴったりあてはまると考えています。これは、クォールズ - コルベットの「読み」といえるでしょう。

ところで、レイラにとって教会は、R・オットーが宗教体験の本質にあると考えたヌミノースな体験ができる場所ではないという観点からすると、もはや宗教的な場所ではないともいえます。逆に教会を出てロバと出会うことがヌミノースな体験に通じるとするなら、この夢におけるロバを宗教的な象徴とみなしてコミットしていく行きかたもあり得るはずです。さらに、ヌミノースな体験ということを中核に置くなら、宗教と性との区別も曖昧になってくるかもしれません。これは、クォールズ - コルベットが『聖娼』のなかでとりあげている問題とも重なってきますし、レイラの場合もそのような方向に展開しているように思いますし、この場合、宗教とか性という言葉の意味するところも変わってくるでしょう。

だから、大切なのは、なにが正しい読みか、ではなく、治療者がどう読んだか、その読みを支えとしてどう関わっていったか、ということであり、そのようにして治療者の主体的な関わりがなされていくのだと思います。クォールズ - コルベットが、どの程度これらのことを言語化してレイラに伝え、話題にしたかはわかりませんが、ここで早急な言語化がなされると、先生が「クライエントが治療者の物語を生かされてしまう」と書かれたような事態が生じてくるのではないでしょうか。いずれにしても、言葉の字義的な意味に縛られていると、治療関係の支えとなるような「読み」ができないのではないかと思うのです。このあたりのことを、私は意識の水準という観点から考えていたのですが、先生は、最近出版されたご著書『言葉の深みへ』（誠信書房、二〇〇二年）のなかで、言葉の深層という観点から論じておられたと思います。前回、すこし書ききれなかった部分もおありのようですので、クォールズ - コルベットの「読み」について、とくに最初にふれられた、もうひとつのテーマである女性性との関連で、もうすこし先生のお考えを展開していただけますでしょうか。

岸本 寛史

岸本寛史 様

ロバについての先生のご指摘、なるほどと思いました。考えようによっては、この6章の時点ですでに（全体からみると、これは初期の夢ですね）、女性性の本質の核をなす主要なテーマが、ロバという姿（目に見える形）を借りて現れて来ているともいえるように思います。つまり、宗教的（霊的）なものと性的なものとを繋ぐイメージとしてのロバ。あるいは両方のイメージがロバというひとつの身体のなかに体現されているといったほうがよいかもしれません。ところがここでのクォールズ - コルベットの理解は「教会＝宗教的なもの」という一般的、日常的なものに留まっています。またロバについては、確かにその象徴的な意味まで探ってはいるものの、ひとつの側面だけに着目した「読み」をしています。この後、レイラの夢には性的な要素が前面に現れた娼婦のような女性像が出現し、それを経た後に聖なる次元にまで変容していく——両者のイメージが繋がっていく——様子が見てとれます。つまり、この時点でロバからは拾い上げ〔られ〕なかったイメージの要素が、後に別の形をとって再び現れているのではないでしょうか。

先生が挙げてくださった拙著『言葉の深みへ』のなかで、私は、心理療法において日常的、一般的な言葉の意味の次元からその言葉の意味の深みへと入って行くことが重要である、と繰り返し述べました。深みには、そのひと個人の歴史に纏わるもの、文化や時代に特有のもの、また人間にとってかなり普遍的なものが、複雑に絡まり合って一見混沌とした意味の世界を創りあげています。字義的な言葉の理解が切る要素をもつのに対して、意味の深みにまで下降していくような理解は繋ぐ要素をもつともいえるでしょう。いずれにせよこのような視点から見るならば、ここでは教会なりロバなりの、言葉の意味の世界のなかに深くは入って〔入れて〕いないわけです。そうかといって、ここで深みまで入っていないことが正しい「読み」ではないのかと言われれば、先生も仰っているように、私もそのような問題ではないと思います。やはり日常の表層の次元から非日常的な深みに入って行くには、それなりの適切な「時」というものがあるように思うのです。つまり深みの世界が開く「時」とでもいいましょうか。そして、それはけっして意図して生じて来るものではないと思うのです。適切な「時」、しかもクライエント、治療者双方にとっての相応しい「時」。それはやはり流れのなかで見ていくしかないように思いますし、後にならないと見えてこないような部分もあるように思うのですが、いかがでしょうか。

さらに言葉について、もうすこし別の角度から述べてみたいと思います。「クォールズ‐コルベットが、どの程度これらのことを言語化してレイラに伝え、話題にしたかはわかりませんが……」と先生は仰っています。彼女たちがアメリカで生まれ育ったということを考えるならば、推し量るに、かなり言葉にして伝え話し合ったのではないかと思います。例えば5章で、「クロゼットの子ども」が夢に出てきたときのレイラの語りからも、それが窺えるように思います。レイラは扱いにくいとして、その子どもをクロゼットのなかに追い払ったわけですが、「その後数週にわたってずっと、ナンシーはその子を話題にした……」とあります。おそらく、クォールズ‐コルベットは彼女の「読み」のなかでここでの「子ども」の重要性を感じ、そのイメージに留まることを繰り返し言ったのでしょう。とはいえ実際どのようなやりとりがあったのかはわかりませんので、私はここで、アメリカと日本での言葉というもののもつ意味や、果たしている役割の違いについて考えました。

多くの日本人にとって、言葉によって明確にしていくことは、場合によってはそれだけでも脅威になり得るでしょう。あるいはなかには、分析家の先生が言うのだからと、深いところでは納得できないまま表面的には合わせておいて、あるとき急に適当な理由を挙げて中断になってしまうというようなクライエントもおられるかもしれません。レイラははっきりと「もう私にはその子はリアルでないように思えました」と書いています。実際クォールズ - コルベットにこのように言ったのかは分かりませんが、このあたりには、あなたと私は別の「個」であるというところからスタートしている、アメリカ人たちの「個」のありようの一面が垣間みられるように思います。言葉でやり合うには、相当にしっかりとした「個」がないとやられてしまいます。とくに日本人が欧米の人と議論を交わす際には、そう思います。もちろん、日本人のクライエントの場合でも、このようなやりとりが出来る関係は成り立ち得るでしょうし、そのような方もおられるでしょうが、そこまでなるのにもうすこし時間がかかるように思います。一般的に日本人はアメリカ人に比べると言葉でのやりとりについて、訓練されていないように思います。反対にアメリカ人の場合は、言葉で明確にせずにいると不安になり、曖昧なままで持っておけずに早急に言語化をしてしまい、浮かび上がり、深まらない傾向があるように思います。いずれにせよ、日本人として心の仕事をどのようにやるのか、ということを私たちはもっと考えていかなければならないのではないかと思っています。

最後にもうひとつ、女性性の本質にも関わることで話題を提供させてください。序章で挙げられているレイラの夢で「見知らぬ女性の目の一方は上を向き、もう一方は下を向いていた」というのがあります。クォールズ - コルベットは、心のメンタルイメージが上方を意識、下方を無意識に置いていることから、「意識的な外的世界と無意識的な内的世界とに目の焦点を合わせているかのようだった」と述べています。ここには同時に、天上と大地、霊と肉、などさまざまな対立するイメージを見ることもできるかと思いますが、それはさておき、ここでなにより大切なのは、目を開けて見ることではないかと思うのです。これはほかでもない意識することです。目をそむけたり、閉じたりせずに、直視すること。本書の〈まえがき〉で私は、「厳然たる、時には冷たい眼差しでしっかりと見つめながら、語ることが大切だと思うのです」と述べました。内的なナラティヴが自ら語りはじめるには、内からの言葉に耳を傾けないと聞こえてこないわけですが、そのためには、私たちは内から開くことになります。開いて出てくるものに対して、責任をもって見ること。これをやり抜くにはかなりの強さが必要だと思います。いかがでしょうか。

山　愛美

山 愛美 様

　意味の深みに入るのに適切な「時」があるという先生のご意見にはまったく同感ですし、クォールズ‐コルベットが、かなりに部分を言葉にして伝えていたのではないかということは、先生のご指摘の箇所から私も感じていました。ただ、たとえば、レイラの症状を母親との葛藤の問題と見るだけでなく、すでに2章で「私たちの文化の『邪悪な名づけ親』とは、何世代にもわたって娘たちに魔法をかけ続けて、自分たちの考え方を廃れさせないようにする女性たちのことである」と述べられているように、何世代にもわたる文化の問題であるとも見ているわけです。レイラの言葉を見ましても、そういう集合的なレヴェルの話よりも、「日記をめくっていると、どの頁にも夫に対する非難の言葉が書いてあることに気がつきました」〔4章〕など、最初は夫とのことや母親とのことが多いですね。そして、「ナンシーは繰り返し、私が自分のなかにある王女の部分に、どのように仕えているか考えるよう要求しましたが、彼女が行ってしまうので絶望と混乱を感じ、ほとんど言葉になりませんでした」という言葉からは、クォールズ‐コルベットも夢のイメージに留まることを強調していることが伺われます。

　唐突ですが、私がまだ医学生の頃、初めて山中康裕先生の事例を聞かせていただいたときのことが浮かんできます。最初に風景構成法を示されて、フロアにいた医学生とか心理の大学院生にいろいろ意見を求められたのですね。それで、最後に先生が、「私にはこの二つの山が乳房のように見えます、山の頂上が〔両方とも枠からはみ出す形で〕切り取られているので、この方は、どこか女性性を切断される体験があったのではないかと思ったのですが、それは私が思っただけで、クライエントには告げていません」、という主旨のことを言われたのが、強く印象に残っています。といいますのも、山を乳房に見立てるという見かたも意外だったのですが、それを治療者が思っただけで告げるわけではない。それならばなぜそういうことを思う必要があるのだろうかと、疑問に思ったわけです。その後、いろいろなところで事例を聞かせていただくようになり、また自分自身が臨床に携わるようになって、言葉にするとしないとに関わらず、治療者のほうがどういうかたちで「読んでいくか」あるいは「どう見ていくか」ということの大切さを実感するようになりました。クォールズ・コルベットの場合も、レイラの状態を、単なる個人的な症状とは見ていない。そのことをどの程度話題にしたかどうかはわかりませんが、たとえクォールズ・コルベットが話していたとしても、レイラの文章を読むかぎりではそのことにはそれほど重きを置いていないような印象を受けます。ところが、治療者のほうは、『聖娼』のなかで展開されているような豊かな「読み」がある。レイラの内的なナラティブが、夢〔無意識〕と日記〔意識〕のちょうど中間で生まれてきたと感じられると述べましたが、治療者のほうから見ると、個人的な水準での「読み」と、個人を超えた「女性性」あるいは「聖娼」といった水準での「読み」との間で治療が展開していっているような印象を受けました。

先生が最初にこの本のことを紹介してくださったときに、クォールズ‐コルベットが『聖娼』を書いたときに、その基礎にあると思われるような重要なケースだと仰っておられましたが、このケースから『聖娼』が生まれたともいえますし、『聖娼』で展開されているような「読み」がこのケースの展開を支えたという側面もあると思います。

先生が言及された「見知らぬ女性の目の一方は上を向き、もう一方は下を向いていた」という夢は、私も強烈に印象に残りました。「ここでなにより大切なのは目を開けて見ることではないかと思うのです」というのは、まさにそのとおりですが、片方が上で、片方が下では、それを見る当の本人は、相当つらいと思います。上の風景と下の風景とを同時に見て、そこにどんな像が結ばれるでしょう。さきほどの個人的な水準での読みと個人を越えた水準の読み、というのも、実は、この夢が示すような、片方の目が上を向き、片方が下を向くというような観方が要求される、かなり大変な事態ではないでしょうか。いままで、私にとっては、医学的な観点と心理学的な観点の二つの見方というのが大きなテーマでしたが、これはどちらかというと同一平面を二つの視点から見るというイメージをもっていました。しかし、同一の主体が、同時に上と下を見るというイメージは、私自身にとっても、新鮮で、示唆的なイメージでした。

もうひとつ、これはレイラのほうの連想ですが、レイラの母親の足が固くなり〔8章〕、看護婦から「お薬の入ったローションでいくらさすっても、ぜんぜんやわらかくならない」

と聞いて、「女神ヴィーナスは、自分たちの体を軽蔑するものを石に変えるという神話」を思い出す場面がありますね。こういう観かたはとても大切だと思うのですが、現代の医学的な観点をどれほど精緻なものにしても、こういう観かたは出てきません。現代西洋医学はおそらく、細胞レヴェル、分子レヴェルで足が固くなるという病態を解明しようとし、その機序を明らかにして、固くならないような方策を考えようとするでしょう。どこまで進んでも、レイラの母親の足が固くなった意味というのは、現代西洋医学の観点からは出て来ないように思うのです。だから、観点の変換が必要なのです。もちろん、体を軽蔑したら石になる、というのは、客観的で再現可能な科学的法則ではありません。しかし、一人ひとりの文脈のなかで見ていくと、たしかに、レイラの連想が意味あるものとして見えてきます。こういう観点は、実証主義的な立場からは否定されるでしょうが、心理学的にはとても意味ある観かただと思うのです。私は医療と臨床心理とのあいだを行き来するなかで、こういう観点から、心理の人たちが医師と対等に議論できるようになれば、医療ももっと配慮の行き届いたものにすることができるのではないかと考えています。と同時に、心理の人たちが、身体的なことを医師に任せてしまうのではなく、心理的に読んでいく、ということを、もっとしてほしいと思っています。心理的な問題は心理療法で、身体的な問題は医学で、という傾向が強いなか、それぞれの観点の違いを見ておくことは、じつは心理療法にとってもきわめて大切なことだと思うからです。

岸本 寛史

岸本寛史 様

おそらくこれが、今回のこの企て最後の書簡になるかと思いますので、思いつくことを書き並べてみます。そのためすこし断片的になるかもしれませんが、ご容赦ください。

まず「個人的な水準での『読み』と、個人を超えた『女性性』あるいは『聖娼』といった水準での『読み』とのあいだで治療が展開していっているような印象を受けました」というご意見、私も同感です。これら異なる水準の「読み」が、どちらが上とか下とかではなく、重なり合い、織り込まれて層をなしているようで、そのなかで治療は展開しているように感じます。そしてさらにその背後には、本書には具体的には書かれていないものの、クォールズ - コルベット自身のことも見え隠れしているような印象をもちました。その際たとえば、『聖娼』のような、しっかりとした物語を持っていることは治療者自身にとってもずいぶん支えになることでしょうね。

さらに、「読み」のことを広げて考えるならば、現在起こっている戦争での映像や写真を——これらはたしかに客観的な事実を写してはいるのですが——、どのようなコンテクストのなかで見せるのか〔見るのか〕によって、見えかたや伝わってくる意味がまったく変わり得る、というようなことにも相通ずるように感じます。このような視点が、マスコミでもとりあげられるようになり、今後、一般社会でも情報における客観的事実とは何なのかという問題について、多少とも見かたが変わっていくのではないでしょうか。

また、言葉にはしないけれど「読み」をもっていることが、目には見えないさまざまな「動き」を生じせしめ得るのではないかと思いますし、場合によっては、それは言葉として発せられたものよりも大きな力を持ちうるのではないかとも思います。心理療法において、目に見えない「動き」に対して、私たちは、より意識的になる必要があるのではないかと思っています。

つぎに「同一の主体が、同時に上と下を見るというイメージ」についてですが、確かに本人は相当つらい、と私も思います。異なる次元の視点を同時に持ちつづけること。だた、このなかに私は、心理療法家の求められるべき姿を見るのですが、いかがでしょうか。

「心理の人たちが、身体的なことを医師に任せてしまうのではなく、心理的に読んでいく、ということを、もっとしてほしいと思っています」という先生のご意見、私も〔心理の者ですが〕そのように感じています。本来身体と心は別々のものではないとしつつも、心理の人たちが、どこか身体に対しての関心が希薄なのをしばしば感じてきました。心が身体からは切り離されてしまい、モノのように扱われてはいないかと。このようになってしまうと、身体に生じている病気にだけ注目して、人間である患者個人に目が向けられていないのではないかと医師たちが批判されていることと、結局同じことになるのではないかと思うのです。私自身、心理療法に携わるなかで、クライエントの身体に現れる変化と、心理的なこととの不思議な繋がりを感じてきました。また、事例報告やスーパーヴィジョンなどを通して、治療者側の身体に現れる一見些細な変化、変調などが治療の流れにおいて重要な意味をもち得ることを、私自身においても体験的に感じます。免疫力の不思議など最近よく話題にも上っていますが、人間の身体が全体として機能している不可思議のようなものを感じます。一般的に身体の病気とされているものの成り立ちについて、いわゆる科学的なメカニズムだけではなく心理的な側面から、それと身体と心と分けられないところ（中間領域とでもいいましょうか）で起こっていることについても、目を向けていくことが大切なのではないかと思います。ところが残念ながら、（私も含めて）心理の人たちには、十分な身体についての医学的な知識がありません。先に述べたような、病気の科学的なメカニズムについても（専門家ほどではなくとも）、心理の人たちもある程度は知っておいたほうがよいでしょうし、少なくとも私は知りたいと思います。そこで、先生の仰っているように、形だけではなく、医学と心理のあいだで対等の議論が出来るならば、たがいに学べることがたくさんあるのではないかと思います。先生のような、医学と心理の両側面を兼ね備えた観点から見ておられる方たちに、頑張っていただきたいというのが正直な気持ちです。もちろん私も傍観者でいるつもりはありませんが……。

さて、最後にもうひとつ話題を提供させてください。翻訳の際、私は spirituality という言葉をどのように訳すのか迷いながら、その意味について考えました。訳としては一般的に、精神性としたり、霊性としたり、あるいはスピリチュアリティとそのまま原語を用いることが多いようですが、それぞれ多少ニュアンスが異なります。〈まえがき〉で私は「垂直軸の存在」という表現を使ってみましたが、この spirituality という概念は、この軸上に置いて考えられるものです。そしてそれを極めていくとき、必ずどこかの時点で日常次元を「超える」ということと、向き合わざるを得なくなるように思います。つまり、この世の次元では収まりきらない。私たちが現実と思っているような世界を突き抜ける、枠を打ち破るような体験、とでもいいましょうか。必然的にそのような体験が生じるように思うのです。これをどのように成し遂げるか、が問われるのではないでしょうか。これも〈まえがき〉ですこしふれましたが、たとえば世間を震撼させるような事件のなかでも、個人が個を超えた力によって、さ͏せ͏ら͏れ͏て͏起こってしまった神話レヴェルの出来事のように感じられるものがあります（だからといって個人に罪がないというつもりはありませんが）。たとえば薬物やアルコールへの依存も、安易な方法ではありますが、根底には日常を超えるという同じテーマがあるように思うのです。さらにいえばこのことは、性やゲーム等、現代社会の孕んでいるさまざまな問題やテーマとも深く関わっているように思います。そしてレイラの場合、このテーマは夢のなかで扱われているように感じました。

追伸

昨年九月の学会の折、ちょうど先生に別件で声をかけられた頃、私はこの本をすこし読み始めていました。当初一人で訳してみようかとも思っていたのですが、すこし時間がかかりそうな気がしました。いろいろお話しするうちに先生にお願いしてみようかという気持ちになっていました。思えばふとしたことからこの本もこのような形になって生まれたわけですね。

今回、先生から送られてくる書簡を読み、どのように返信を書くかを考えるなか、いろいろな刺激を戴き、とても楽しく仕事をさせていただきました。先生と新曜社の津田敏之さんに、ここでお礼を申し上げたいと思います。ありがとうございました。

山　愛美

山　愛美　様

先生がとりあげてくださったspirit, spiritual, spiritualityというのは、非常に難しい問題です。いろいろな角度から議論が可能と思いますが、この問題が本書ではどのように扱われているかを見るために、本書のなかからこの三つの言葉が使われている部分をすべて抜き出してみました〔漏れはあるかもしれませんが〕。クォールズ‐コルベットのほうは、20章と22章で十一回、13章が八回、16章五回、あとは、序章、10・11・18・28章で二回ずつ、1・

6・7・14・15・19・26・27章で一回ずつ、合計五十三回でした。これに対して、レイラのほうは、1章四回、20章と28章で三回、24章二回、27章一回、合計十三回でした。これを見ますと、クォールズ - コルベットは、これらの言葉をレイラよりも四倍多く使っており、主として13・16・20・22章でこの問題について議論しているということが概観されます。

1章で、クォールズ - コルベットは「必要な第一歩は、空気のように遊離している彼女の精神 spirit を人間の肉体の中に根づかせることになるだろう」と、精神が肉体から遊離していることを問題だと捉えています。これに対して、レイラのほうは「自分の精神的自然 spiritual nature」という言葉を使っています。「自分の精神的自然からも切り離されたままだった」と。この表現は、「精神性は物質 matter あるいは身体との調和の中に共存し得る、という新しい概念」〔13章のクォールズ - コルベットの解釈〕を、簡潔に示しており、「分離した精神と身体がつながる」という単純な図式よりも、より深い観点から捉えられている、分析家の借り物ではないレイラ自身の表現ではないかと感じました。

先生が指摘された「垂直軸の存在」とか「日常次元を超える」といったことも、「精神の高まりを感じ、精神と身体という自然の存在としての二重性 duality に、充分に気づくときがある。しかしながら、永遠にそのような高揚した次元に住まうことはできず、大地に根ざした物質へと戻らねばならない」〔18章〕とか、「精神についての私たちの概念が、上や外に向かってのみ投影されていた――つまり、私たちの個人的な心的生活と接触していない――ならば、私たちの生は石の鳥のように硬くなってしまう」〔20章〕といった指摘をあわせて考えるなら、単純に日常的な生活を離れることではなく、逆説的なことですが、日常を生きることによって可能となるといえるかもしれません。

最後になりますが、言葉の身体性という観点から最初のほうですこしふれた文体の問題を考えてみたいと思います。先生から本書の翻訳のお話を戴いたときにまず考えたのは、文体のことでした。男性である私が、女性の文章を訳すのに、どこまでその雰囲気を訳せるか、すこし自信がなかった部分もありますし、訳してみて、どの程度うまくいっているかもわかりません。訳文で常体と敬体を訳し分けて伝わるニュアンスは、原文のニュアンスと比べて、どんな効果をもつだろうかという点も気になっていました。先生とも最初に相談させてもらいましたが、私が担当させていただいたレイラのほうを常体で訳すと、私自身の文体の癖が強く出そうな気がしたことと、原文のレイラの文章のニュアンスは敬体のほうがうまく出せるのではないかと考えて、敬体にしてみました。一方、夢については、私が診ている女性の方では夢を常体で書かれる場合が多いことと、先生も夢の記録は常体で書かれていると伺って、常体にしたわけです。そして、分析家のほうの文章は、これも相談して常体にしたわけですが、出来上がったゲラを読みながら、この文体の違いというのも、文章の雰囲気を作る上でとても大きな役割を果たしていると感じました。たとえば、すべてを敬体にしていたら、ずいぶん雰囲気が変わるでしょう。われわれの選択がどの程度成功しているかは読者の判断にゆだねるより他ないですが。

本書の最後の部分でレイラが「私の日記をくまなく調べることで、神秘が明らかとなりました。……私の人生に必要な強さは、かなりの部分が、この物語を書くなかから、生まれてきたのです。……書き直すたびに、神秘が私の意識をゆっくりと貫いて、涙が出ました。そうして、精神の実践としての人生が、それ自体、自然と開けてきました。筋をたどるにはエネルギーを要しましたが、内的なドラマに目を向けるというこの大切な贈り物を受け取ることにしたのです」と書いています。なぜ彼女にとって「書くこと」がこれほどの意義をもっていたかと考えてみると、語られる言葉と書かれる言葉の違いの問題に行き当たります。ご存じのように、言語学の領域では、実際の発話行為をパロールといい、パロールが文字に書かれたものはエクリチュールとよばれます。パロールがエクリチュールのレヴェルに入って言語テクストとなると、いつ、どこで、どういう状態の人が、どんな心理的身体的状態で、どんな状態の人に向かって話しかけるのか、といった「状況」が脱落してしまう、ということが起こります。この「状況の脱落」は、コミュニケーションという点では不利かもしれませんが、「恐怖」ととりくむうえでは、恐怖や不安などの感情とも（「状況」が脱落するので）比較的距離を置いて向き合うことができるようになり、それと取り組むことを可能にするという側面があるのではないかと思います。癌の方で、怖くて言葉に出せないことでも文章に書くことなら出来ると言われた方も何人かおられました。先に述べた「文体」は、この脱落した「状況」を補うものになるわけですが、こうしてみると、「書く」ことは、語られた言葉の「状況」をいちど脱落させてから文体によって肉づけする作業といえるでしょう。そのあたりに「書く」ことの治療的な意義と「文体」が重要であることの秘密とが隠されているのではないでしょうか。

この往復書簡という試みはとても新鮮な体験でした。とくに、返信を待つのが楽しみですね。書くほうは大変ですが。この往復書簡のなかで、ナンシー・クォールズ - コルベットとレイラによって本書が生まれていく過程に通じるような何かを追体験できた感じもします。ありがとうございました。われわれの対話が、本書を理解するうえで、あるいは心理療法を考えるうえで、なんらかの手がかりや視点を提供することができれば幸いです。

岸本 寛史

訳者あとがき

この本の著者はいったい誰なのだろうか。そういう問いが浮かんでくる。もちろん、表向きは、ナンシーとレイラの共著である。しかし、序章に本書が生まれるに至った経緯が述べられているように、もともとのきっかけはナンシー（治療者）が見た夢なのである。ナンシーは「自分の書いた "A Woman's Awakening"（女性の目覚め）というタイトルの本を手に持っている夢」を見る。夢を見た翌日はなぜか、レイラのイメージが浮かんできて、「何か悲しい不幸が彼女を襲っているのではないかと思うほど」だったという。そして、突然、その夢がナンシーの意識に現れて、「『女性の目覚め』は、レイラと彼女の分析に関係がある」と悟る。それにしても、「その本」がレイラと関係があると感じても、それを、文字どおり、実際に著書を書くことと果たして受け取るだろうか。クライエントと一緒に本を書くことには、さまざまな問題がある。ナンシーもそのことは充分すぎるほど承知している。ところがその二ヵ月後の大晦日に、今度は、レイラの夢に見知らぬ女性（一つの目は上を、もう一つの目は下を向いていた女性）が現れて、「自分の神秘の物語を書きなさい」と告げる。本を書くということの否定的な側面も充分に考慮しながら、それでも「自分の物語を書くつもりがあるか」どうか、話し合った。それだけでなく、普段は自分の夢を話すことなどめったにしないナンシーが、『女性の目覚め』というタイトルの本を手に持っていたという例の夢をレイラに言いたいという強い衝動に駆られ、話すのである。

こうして、二人は、本を書くことについて、話し合うことになる。本を書くことがレイラに及ぼす影響について、レイラとナンシーの関係に及ぼす影響について、話し合う。そうして、最終的にどうするかは、再び夢に委ねられることになった。レイラの夢に現れてくるイメージを待つことにした。その結果が本書である。

このように、本書はいちおう二人の共著ということになってはいるが、執筆の動機は両者の意識のなかで生まれたものというよりは、両者の無意識から送られてきたものといえるだろう。もちろん、両者の意識的な努力なしに本書は生まれなかった。しかし、意識だけでも生まれなかったのである。「錬金術の作業opusは、自然によって始められる過程と考えられるが、それを完成するためには人間の意識的な努力と技artが必要である」〔Edinger, E., 1985, 'Anatomy of the Psyche'〕という一節が思い出される。このように、治療者とクライエントとが一緒に本を書くということだけでも特異であるのに、さらに本書の出自もかなり特異であり、いったい誰がこの本を書いたのだろうかと問うてみたくなるのである。

著作は原著者のものであり、著者は自らの著作を所有する、というのは、現代では当然のことのように思われるかもしれない。著作権という言葉が如実にそれを示している。しかし、ずっと以前からそうだったわけではない。たとえば、預言書というのは、神から預かった言葉を記した書であり、預言者は、ただ言葉を預かっただけであり、預言書の著者ではない。預言書の著者は、あえていえば、神ということなるだろう。あるいは「キリスト教は書物の宗教であり、西洋文化とはすなわち、書物の文化に他ならない」、とテイラーは言う。「本がその命脈を保ち続けた歴史的な全期間中の大半にわたって、本は、人間の恣意による構成物としてではなく、「事物の真の在り方」を再現するものとみなされてきた」と（『さまよう』岩波書店、一九九一年）。つまり、本は長いあいだ、「人間の恣意による構成物」、「人間が書いたもの」ではなかったのである。著作権に代表される、著者と著作とのあいだに成立する所有関係は、私的所有という近代特有の概念に基礎づけられている。近代になって、人間は、自分の土地、自分の家、自分の持ち物、自分の体、など、あらゆるものを所有するようになった。ユング派の深層心理学は、このような歴史の流れのなかで、自分が自分のものではないのではないか、という問題と取り組んできたともいえる。

本書は、その構成も出自も特異だと述べた。しかし、このような観点からしてみると、もしかしたら、特異なのは現代の著者と著作の関係のほうかもしれない。夢に導かれて生まれた本書は、もしかすると、著書というものの、本来のありかたを示しているのかもしれない。このように考えるなら、本書は、現在の事例研究のありかた、事例の記述の様式ということを考えるうえで、きわめて示唆に富むだけでなく、現代における著作の意義・ありかたについても考えさせてくれる書といえる。本書を、単なる治療者とクライエントとの共著にすぎないものとして、もの珍しい目で見るだけに終わると、本書の真価を見誤ってしまう。

翻訳は、クォールズ‐コルベットの部分を山、レイラの部分を岸本、というように分担した。山先生から本書の翻訳のお誘いを戴いたのは昨年の秋のことだったが、筆者自身、いろいろな意味で大変な時期だったので、本書の翻訳をとおして救われた部分もあり、山先生には感謝申し上げる。先生の提案で、解題を、往復書簡という形式で書いてみた。一人で書いていくのとは異なる体験をさせてもらった。本書が出来上がっていく過程も、こんな雰囲気だったのだろうかと思ったりした。最後になったが、本書の意義を即座に理解して、企画の実現に尽力してくださった新曜社の津田敏之氏にも感謝申し上げる。

岸本　寛史

著者紹介

Nancy Qualls-Corbett, Ph.D.
（ナンシー・クォールズ - コルベット博士）

アメリカ、アラバマ州のバーミンガムで開業するユング派分析家。スイス、ユング研究所でユング派分析家の資格を取得した彼女は、ユング派分析家の地域連合協会における上級指導分析家でもある。著書としては、本書の他に『聖娼』『女性性の永遠なる側面』『夢と個性化』などがある。全米、カナダ、ヨーロッパで講演を行った。クォールズ - コルベット博士の神話と旅を愛する心が結びついて、エジプト、ギリシア、イタリアなど女性の秘儀が行われた古代の聖所でもセミナーを行っている。ユング派分析家としての仕事を離れると、ナンシーは家族と共に忙しく過ごしている——精神分析家でもある夫のジーン、五人の子ども、六人の孫たちと。彼女の自然の美を愛する心は、庭に咲くバラの手入れをしている時に満たされるとのことである。

Leila McMackin　（レイラ・マクマキン：仮名）

訳者紹介

山　愛美（やま・めぐみ）
1987年、京都大学大学院教育学研究科博士後期課程学修認定退学。博士（教育学）。臨床心理士。京都学園大学人間文化学部・人間文化研究科教授。著書に『言葉の深みへ』（誠信書房、2003年）、共訳に『悪とメルヘン』（M.ヤコービ他、新曜社、2002年）、主な論文としては「『造形の知』と心理療法」（心理臨床学研究、2001年）、「夢のイメージの流れのなかに癒しを求めて」（心理臨床学研究、2001年）などがある。

岸本寛史（きしもと・のりふみ）
1991年、京都大学医学部卒業。内科医。著書に『癌と心理療法』（誠信書房、1999年）、共著に『ナラティブ・ベイスト・メディスンの実践』（斎藤清二と共著、金剛出版、2003年）、編著に『山中康裕著作集』（全6巻、岩崎学術出版社、2001年より刊行中）、翻訳に『クリストファーの夢』（R.ボスナック、創元社、2003年）がある。

新曜社　「女性《じょせい》」の目覚《めざ》め
内なる言葉との対話

初版第1刷発行　2003年9月12日

著　者　N.クォールズ-コルベット
　　　　L.マクマキン
訳　者　山　愛美 ©
　　　　岸本寛史
発行者　堀江　洪
発行所　株式会社 新曜社
〒101-0051　東京都千代田区神田神保町2-10
電話(03)3264-4973(代)・FAX(03)3239-2958
e-mail　info@shin-yo-sha.co.jp
URL　http://www.shin-yo-sha.co.jp/

印　刷　亜細亜印刷株式会社　Printed in Japan
製　本　イマキ製本

ISBN 4-7885-0870-2　C1011